박봄의
사회·문화
표 분석의 패턴

>>>>> **개정판**

왜 통계 자료 분석을 해야 할까?

사회학은 우리의 삶에 대해 연구하는 학문이야. 일상적 차원에서 일어나는 사회 현상은 사회학의 관심사가 되며, TV, 인터넷 뉴스 등을 통해 접할 수 있어. 그때마다 각종 도표와 통계 자료를 볼 수 있어.

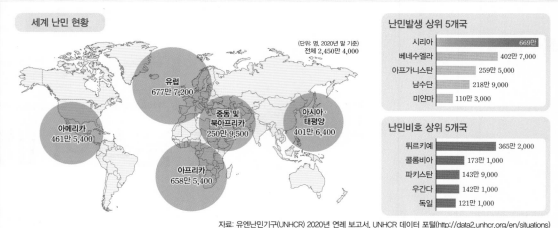

세계 난민 현황에 대한 통계 자료야. 대부분의 난민이 본국과 가까운 나라에 머무는 경우가 많음을 알 수 있어. 시리아 난민이 튀르키예로, 베네수엘라 난민이 콜롬비아로 이동했거든. 인접국들이 개발도상국이다 보니 일자리 등을 둘러싸고 갈등이 발생할 수 있음을 추론할 수 있어. 이처럼 표 분석을 통해 사회 현상을 한눈에 파악할 수 있어. 사회·문화 표 분석 문제에 복잡한 수치가 나와 머리 아프기도 하지만 반드시 공부해야 하는 이유는 사회 현상을 이해하는 가장 명료한 방법이기 때문이야.

선생님은 다양한 주제로 출제되는 표 분석 문제를 대비하기 위해 단순히 한 문제 한 문제를 열심히 풀이하는 방법은 맞지 않다고 생각했어. 똑똑하게 체계적으로 공부해야지! 기출 문제들을 분석해 보니 표 분석의 패턴이 보였고, 그 패턴을 담아 자료를 만들고 강의를 했어. 수능이 끝난 후 너희들이 남긴 수강 후기에는 언제나 「사회·문화 표 분석의 패턴」에 대한 이야기가 있었어. 그래서 이렇게 책으로 나올 수 있게 된 것 같아 고맙고 기뻐.

이제 더 이상 사회·문화 표 분석 문제 때문에 골치 아프지 않았으면 좋겠어. 나와 함께라면, 「사회·문화 표 분석의 패턴」과 함께라면 잘 할 수 있어! 재밌게!

2023. 11. 박 봄

Part 1

일반 표 분석의 패턴

1 비율 계산하기

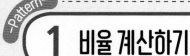

사회·문화 표 분석 문제의 주인공은 '비율'이야. 비율에 익숙해지면 표 분석도 자신 있게 할 수 있어. [비]는 서로 다른 두 수의 크기를 비교하는 것으로, 비교하는 수를 기준이 되는 수로 나눈 값이야.

$$\frac{\text{비교하는 수}}{\text{기준이 되는 수}}$$

비율은 여기에 100을 곱하면 되는 거야. 비율을 계산하는 연습을 해 보자.

여학생이 10명, 남학생이 40명인 학급이 있다고 해 보자.

> 1반 : 여학생 10명, 남학생 40명
>
> Q1 남학생 대비 여학생의 비율은?
> Q2 전체 학생 대비 여학생의 비율은?

Q1 남학생 대비 여학생의 비율은 25%{=(10/40)×100}야.

Q2 전체 학생 대비 여학생의 비율은 20%{=(10/50)×100}란다.

이제 문제 적용!

그림은 갑국과 을국의 시기별 계층 구성 비율을 나타낸다. 이에 대한 분석으로 옳은 것은?

[2023학년도 수능 6월 모평 12번]

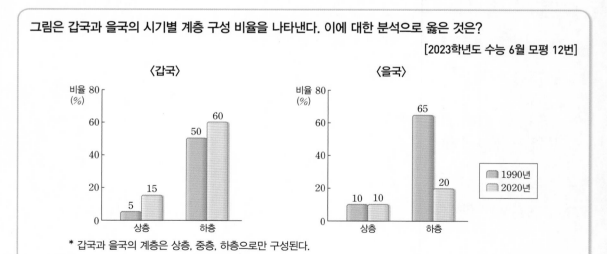

* 갑국과 을국의 계층은 상층, 중층, 하층으로만 구성된다.

⑤ 1990년 중층 대비 상층의 비는 갑국이 을국보다 크다.

갑국과 을국의 상층 비율과 하층 비율이 제시되어 있으므로 중층 비율을 구할 수 있어! 1990년에 갑국의 중층 비율은 45%, 을국의 중층 비율은 25%야. 따라서 1990년에 중층 대비 상층의 비는 을국(10/25)이 갑국(5/45)보다 크다는 것을 알 수 있어!

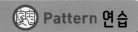 **Pattern 연습**

01 표에 대한 분석으로 옳은 것은? [3점]　　　　　　　　　　　　　　　　　[2020년 10월 학평 10번]

〈갑국 근로자의 평균 임금〉

(단위: 달러)

구분	2000년		2010년	
	남자	여자	남자	여자
내국인	2,000	1,600	2,500	2,100
외국인	1,400	1,000	1,700	1,500
전체	1,900	1,500	2,400	2,000

④ 남자 근로자 평균 임금에 대한 여자 근로자 평균 임금의 비는 2000년보다 2010년이 작다.　O □　X □

02 표에 대한 분석으로 옳은 것은? (단, 각 국가 내에서 남성 근로자 수와 여성 근로자 수는 같다.) [3점]

[2021년 3월 학평 15번]

〈성별 근로자 월 평균 임금〉

(단위: 달러)

구분	갑국	을국	병국
남성 근로자	3,400	3,800	4,000
여성 근로자	2,600	2,800	2,800

④ 남성 근로자 월 평균 임금에 대한 여성 근로자 월 평균 임금의 비는 을국이 병국보다 크다.　O □　X □

 Answer

01

④ 남자 근로자 평균 임금에 대한 여자 근로자 평균 임금의 비는 2000년이 1,500달러/1,900달러이고, 2010년이 2,000달러/2,400달러이므로 2010년이 2000년보다 크다. [X]

02

④ 남성 근로자 월 평균 임금에 대한 여성 근로자 월 평균 임금의 비는 을국이 2,800달러/3,800달러이고, 병국이 2,800달러/4,000달러이므로 을국이 병국보다 크다. [O]

03 다음 자료에 대한 분석으로 옳은 것은? (단, (가), (나) 이외의 다른 제도는 고려하지 않는다.)

[2020학년도 수능 15번]

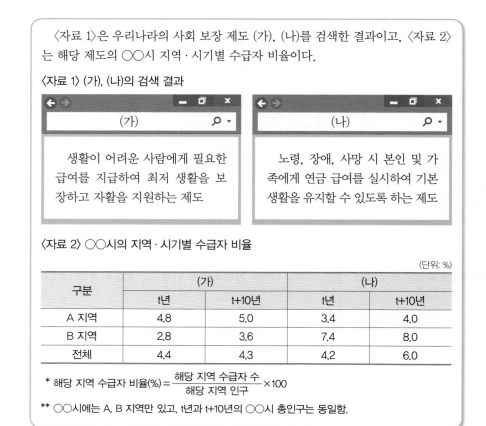

〈자료 1〉은 우리나라의 사회 보장 제도 (가), (나)를 검색한 결과이고, 〈자료 2〉는 해당 제도의 ○○시 지역·시기별 수급자 비율이다.

〈자료 1〉 (가), (나)의 검색 결과

(가)	(나)
생활이 어려운 사람에게 필요한 급여를 지급하여 최저 생활을 보장하고 자활을 지원하는 제도	노령, 장애, 사망 시 본인 및 가족에게 연금 급여를 실시하여 기본 생활을 유지할 수 있도록 하는 제도

〈자료 2〉 ○○시의 지역·시기별 수급자 비율

(단위: %)

구분	(가)		(나)	
	t년	t+10년	t년	t+10년
A 지역	4.8	5.0	3.4	4.0
B 지역	2.8	3.6	7.4	8.0
전체	4.4	4.3	4.2	6.0

* 해당 지역 수급자 비율(%) = $\dfrac{\text{해당 지역 수급자 수}}{\text{해당 지역 인구}} \times 100$

** ○○시에는 A, B 지역만 있고, t년과 t+10년의 ○○시 총인구는 동일함.

④ 상호 부조의 원리가 적용되는 제도의 경우, B 지역 수급자 비율 대비 A 지역 수급자 비율은 t년보다 t+10년이 작다. O □   X □

🛈 **Answer**

④ 상호 부조의 원리가 적용되는 제도는 사회 보험이다. (나)의 경우 B 지역 수급자 비율 대비 A 지역 수급자 비율은 t년이 3.4/7.4이고, t+10년이 4.0/8.0이므로 t년이 t+10년보다 작다. [X]

2 비율과 수 읽기

[비율과 수]는 표 분석 문제의 기본이면서 핵심이야. 2021년 4월 학평 10번 문제에 제시된 표란다. 보기만 해도 머리가 지끈지끈. 하하 그럴 만도 해. 그러나 걱정 말고! 분명~ 알아가는 즐거움, 문제를 쓱쓱 풀어가는 재미를 느끼게 될 거야.

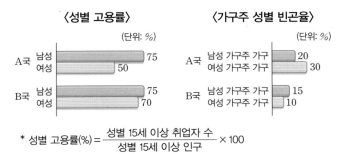

* 성별 고용률(%) = $\dfrac{\text{성별 15세 이상 취업자 수}}{\text{성별 15세 이상 인구}} \times 100$

** 가구주 성별 빈곤율(%) = $\dfrac{\text{가구주 성별 빈곤 가구 수}}{\text{가구주 성별 가구 수}} \times 100$

*** A국과 B국 모두 남성 가구주 가구 수가 여성 가구주 가구 수보다 많음.

이제부터 차근차근 표를 읽는 방법을 알아가 보자구. 〈성별 고용률〉 가운데 A국만 따로 떼서 볼까? 그럼 오른쪽 표처럼 단순하게 만들 수 있어. 질문을 해 볼게!

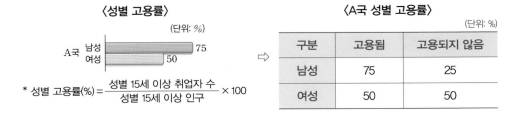

Q1 15세 이상 남성 중 취업자의 비율은 미취업자의 비율보다 높다?

Q2 15세 이상 남성 중 취업자의 수는 미취업자의 수보다 많다?

"아~ 선생님~ 무슨 이런 질문을 하세요?" 할지도 모르겠어. 근데 정말 이런 선지가 출제되었어. 쉽게 정답을 찾을 수 있지? 당연히 15세 이상 남성 집단에서는 고용률이 75%로 고용되지 않은 비율인 25%보다 높기 때문에 취업자의 비율이 미취업자의 비율보다 높지! 15세 이상 남성이 100명이라면, 취업한 사람이 75명, 취업하지 않은 사람이 25명이니까 취업한 사람이 더 많고.

다음 질문!

Q3 15세 이상 성별 인구 중 취업자의 비율은 남성이 여성보다 높다?

Q4 15세 이상 인구 중 취업자의 수는 남성이 여성보다 많다?

Q1, Q2가 남성 집단 내에서 비율과 수를 비교했다면, Q3, Q4는 남성 집단과 여성 집단을 비교한 거야. Q3의 정답은? 남성 취업자의 비율이 75%, 여성 취업자의 비율이 50%니까 취업자의 비율은 남성이 여성보다 높지. 잘했어!

드디어!!! 대망의 Q4! 정답은? '알 수 없다' 왜! 15세 이상 남성 인구와 15세 이상 여성 인구를 알 수 없기 때문이란다. 15세 이상 남성 인구가 100명, 15세 이상 여성 인구가 200명이라고 해 보자. 남성 취업자의 수는 100명의 75%니까 75명이지만, 여성 취업자의 수는 200명의 50%니까 100명이 되지. 남성 취업자의 비율이 여성 취업자의 비율보다 높아도 남성 취업자의 수는 여성 취업자의 수보다 작을 수 있어.

Q5 A국 15세 이상 인구의 75%는 취업자가 아니다?

남성과 여성의 고용되지 않은 비율을 단순히 합해서 전체 75가 취업자가 아니라고 해서는 안 된단다. 위에서 본 것처럼 15세 이상 남성 인구가 100명, 15세 이상 여성 인구가 200명일 때 미취업자인 남성이 25명, 미취업자인 여성이 100명이므로 300명 가운데 125명, 절반이 안 되잖아. 50%가 안 되는 거지!

이제 정리해 보자! 가장 먼저 할 일은 100%를 기준으로 집단을 구분해 두어야 해. 이 표에서는 간단히 남성과 여성 집단으로 나눌 수 있겠지.

〈A국 성별 고용률〉

(단위: %)

구분	고용됨	고용되지 않음	전체
남성	75	25	100
여성	50	50	100

기준 찾기
- A국 15세 이상 인구의 75%는 취업자가 아니다. 전체 비율은 다른 집단 간 비율의 합이 아니다.

동일 집단 '비교할 수 있다'
- [비율] 15세 이상 남성 중 취업자의 비율은 미취업자의 비율보다 높다.
- [수] 15세 이상 남성 중 취업자의 수는 미취업자의 수보다 많다.

다른 집단
- [비율] 15세 이상 성별 인구 중 취업자의 비율은 남성이 여성보다 높다. '비교할 수 있다'
- [수] 15세 이상 인구 중 취업자의 수는 남성이 여성보다 많다. '비교할 수 없다'

ⓐ 기준 찾기 : 100%
ⓑ 비율과 수 읽기 :

구분	비율	수
동일 집단 내 비교	할 수 있다	할 수 있다
다른 집단 간 비교	할 수 있다	할 수 없다

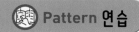

01 표는 인구의 고령화와 관련된 설문 조사 결과를 나타낸 것이다. 이에 대한 분석으로 옳은 것은? [3점]

[2020년 3월 학평 15번]

〈인구의 고령화가 초래할 가장 심각한 문제〉

(단위: %)

구분	노인 빈곤	노동력 부족	세대 갈등	재정 악화	기타	계
여자	32.2	28.6	13.4	20.6	5.2	100
남자	30.8	34.6	10.0	19.6	5.0	100

① 재정 악화를 선택한 응답자는 남자보다 여자가 많다. O ☐ X ☐

② 가장 많은 응답자가 선택한 문제는 여자와 남자가 같다. O ☐ X ☐

③ 전체 응답자 중 노인 빈곤을 선택한 응답자가 60%를 넘는다. O ☐ X ☐

④ 노동력 부족을 선택한 응답자가 세대 갈등을 선택한 응답자의 2배를 넘는다. O ☐ X ☐

⎰ **Answer**

① 남녀 응답자 수를 알 수 없으므로 재정 악화를 선택한 남자와 여자 응답자 수를 비교할 수 없다. [X]

② 여자는 노인 빈곤 문제를, 남자는 노동력 부족 문제를 선택한 비율이 가장 높다. [X]

③ 남자와 여자 집단의 크기를 알 수 없으므로 전체 비율을 알 수 없다. 단, 전체 응답자 중에서 노인 빈곤을 선택한 비율은 30.8%에서 32.2% 사이의 값을 갖는다. [X]

④ 여자와 남자 모두에서 노동력 부족에 응답한 비율이 세대 갈등에 응답한 비율의 2배를 넘으므로 노동력 부족을 선택한 응답자가 세대 갈등을 선택한 응답자의 2배를 넘는다. [O]

02 그래프에 대한 옳은 분석만을 〈보기〉에서 고른 것은? [3점]   [2021년 4월 학평 10번]

〈성별 고용률〉 〈가구주 성별 빈곤율〉

(단위: %) (단위: %)

A국 남성 75 / 여성 50
B국 남성 75 / 여성 70

A국 남성 가구주 가구 20 / 여성 가구주 가구 30
B국 남성 가구주 가구 15 / 여성 가구주 가구 10

* 성별 고용률(%) = $\dfrac{\text{성별 15세 이상 취업자 수}}{\text{성별 15세 이상 인구}} \times 100$

** 가구주 성별 빈곤율(%) = $\dfrac{\text{가구주 성별 빈곤 가구 수}}{\text{가구주 성별 가구 수}} \times 100$

*** A국과 B국 모두 남성 가구주 가구 수가 여성 가구주 가구 수보다 많음.

ㄱ. A국의 15세 이상 취업자 중, 남성 취업자 수는 여성 취업자 수의 1.5배이다. O ☐ X ☐

ㄴ. B국의 15세 이상 남성 중, 취업자 수는 취업자가 아닌 사람 수의 3배이다. O ☐ X ☐

ㄷ. A국은 전체 가구의 50%가 빈곤 가구에 해당한다. O ☐ X ☐

🛈 **Answer**

ㄱ. A국의 남성 취업자 비율이 75%, 여성 취업자 비율이 50%로, 남성 취업자 비율이 여성 취업자 비율의 1.5배이다. 그러나 성별 15세 이상 인구를 알 수 없기 때문에 남성 취업자 수와 여성 취업자 수를 비교할 수 없다. [X]

ㄴ. B국의 15세 이상 남성 중 취업자는 75%, 취업자가 아닌 사람은 25%이다. 따라서 15세 이상 남성 중 취업자 수는 취업자가 아닌 사람 수의 3배이다. [O]

ㄷ. A국의 남성 가구주 가구의 빈곤율은 20%, 여성 가구주 가구의 빈곤율은 30%이다. 전체 가구는 남성 가구주 가구와 여성 가구주 가구로 구성되므로 A국의 경우 전체 가구에서 빈곤 가구가 차지하는 비율은 20%에서 30%의 값을 갖는다. [X]

이번엔 단서에 주목하여 보는 거야. *** 집단의 크기에 대한 단서는 문제의 핵심이 될 때가 많아.

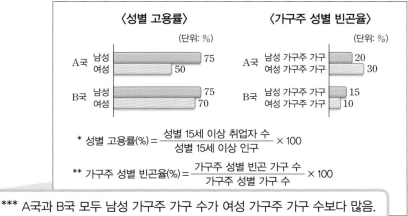

〈성별 고용률〉 (단위: %)

A국 남성 75 / 여성 50
B국 남성 75 / 여성 70

〈가구주 성별 빈곤율〉 (단위: %)

A국 남성 가구주 가구 20 / 여성 가구주 가구 30
B국 남성 가구주 가구 15 / 여성 가구주 가구 10

* 성별 고용률(%) = $\dfrac{\text{성별 15세 이상 취업자 수}}{\text{성별 15세 이상 인구}} \times 100$

** 가구주 성별 빈곤율(%) = $\dfrac{\text{가구주 성별 빈곤 가구 수}}{\text{가구주 성별 가구 수}} \times 100$

*** A국과 B국 모두 남성 가구주 가구 수가 여성 가구주 가구 수보다 많음.

우리도 [단서]를 만들어 볼까? 앞에서 했던 질문을 다시 해 볼게.

〈A국 성별 고용률〉
(단위: %)

구분	고용됨	고용되지 않음
남성	75	25
여성	50	50

단, A국 15세 이상 여성 인구는 15세 이상 남성 인구의 두 배이다.

Q1 15세 이상 인구 중 취업자 수는 남성이 여성보다 많다?

그렇지! '알 수 없다'가 아니라 비교할 수 있어. 15세 이상 여성 인구가 15세 이상 남성 인구의 2배라고 했으므로 15세 이상 남성 인구를 100명, 15세 이상 여성 인구를 200명이라고 해 보자. 그렇다면 남성 취업자 수는 75명, 여성 취업자 수는 100명이 되는 거지. 남성이 여성보다 고용률은 높았지만, 취업자 수는 남성보다 여성이 많다는 것을 알 수 있어.

Q2 A국 15세 이상 인구의 75%는 취업자가 아니다?

취업자가 아닌 남성이 25명, 취업자가 아닌 여성이 100명이므로 300명 가운데 125명이므로 약 42%가 된단다.

결론! 단서가 있으면 남성 집단과 여성 집단에서 각각 고용된 사람과 고용되지 않은 사람 수를 알 수 있고, 전체 15세 이상 인구의 고용률도 구할 수 있는 거지. 정리해 보자!

〈A국 성별 고용률〉

구분	고용됨	고용되지 않음	전체
남성	75%	25%	100%
	75명	25명	100명
여성	50%	50%	100%
	100명	100명	200명

기준 찾기
• A국 15세 이상 인구의 75%는 취업자가 아니다. [X] 알 수 있다!

동일 집단 '비교할 수 있다'
• [비율] 15세 이상 남성 중 취업자의 비율은 미취업자의 비율보다 높다.
• [수] 15세 이상 남성 중 취업자의 수는 미취업자의 수보다 많다.

다른 집단 '비교할 수 있다'
• [비율] 15세 이상 성별 인구 중 취업자의 비율은 남성이 여성보다 높다.
• [수] 15세 이상 인구 중 취업자의 수는 남성이 여성보다 많다.

구분	비율	수
동일 집단 내 비교	할 수 있다	할 수 있다
다른 집단 간 비교	할 수 있다	할 수 있다

Pattern 연습

03 그래프에 대한 옳은 분석만을 〈보기〉에서 고른 것은? [3점]

[2021년 4월 학평 10번]

* 성별 고용률(%) = $\dfrac{\text{성별 15세 이상 취업자 수}}{\text{성별 15세 이상 인구}} \times 100$

** 가구주 성별 빈곤율(%) = $\dfrac{\text{가구주 성별 빈곤 가구 수}}{\text{가구주 성별 가구 수}} \times 100$

*** A국과 B국 모두 남성 가구주 가구 수가 여성 가구주 가구 수보다 많음.

ㄹ. B국의 빈곤 가구 중, 남성 가구주 가구 수가 여성 가구주 가구 수보다 많다.　O □　X □

① **Answer**

ㄹ. B국의 경우 남성 가구주 가구의 빈곤율이 여성 가구주 가구의 빈곤율보다 높고, 남성 가구주 가구 수가 여성 가구주 가구 수보다
많으므로 B국의 빈곤 가구 중 남성 가구주 가구 수는 여성 가구주 가구 수보다 많다. [O]

04 자료에 대한 분석으로 옳은 것은? [3점]   [2021년 3월 학평 20번]

> 표는 우리나라 갑 권역의 65세 이상 인구 중 국민 연금 제도와 기초 연금 제도의 수급자 비율을 나타낸 것이다. 갑 권역은 A 지역과 B 지역으로만 구분되고, 65세 이상 인구는 A 지역이 4만 명, B 지역이 2만 명이다.
>
> (단위: %)
>
> | 구분 | A 지역 | B 지역 |
> |---|---|---|
> | 국민 연금 수급자 | 60 | 80 |
> | 기초 연금 수급자 | 40 | 30 |

① 65세 이상 인구 중 국민 연금 수급자 수는 B 지역이 A 지역보다 많다. O □ X □

② 65세 이상 인구 중 기초 연금 수급자 수는 A 지역이 B 지역의 2배 미만이다. O □ X □

④ 갑 권역에서 65세 이상 인구 중 선별적 복지 이념에 기초한 제도의 수급자 비율은 70%이다. O □ X □

Answer

제시된 자료를 바탕으로 A, B 지역의 국민 연금 수급자와 기초 연금 수급자를 나타내면 다음과 같다.

구분	A 지역(4만 명)		B 지역(2만 명)	
국민 연금 수급자	60%	24,000명	80%	16,000명
기초 연금 수급자	40%	16,000명	30%	6,000명

① 국민 연금 수급자 수는 A 지역이 2만 4천 명, B 지역이 1만 6천 명으로 A 지역이 B 지역보다 많다. [X]

② 기초 연금 수급자 수는 A 지역이 1만 6천 명, B 지역이 6천 명으로 A 지역이 B 지역의 2배가 넘는다. [X]

④ 선별적 복지 이념에 기초한 제도는 기초 연금 제도이다. 갑 권역의 65세 이상 인구 6만 명 중 기초 연금 수급자 수는 2만 2천 명이므로 그 비율은 약 36.7%{=(22,000/60,000)×100}이다. [X]

다음 자료에 대한 분석으로 옳은 것은? [3점]　　　　　　　　　　　　　　**[2020년 7월 학평 10번]**

> 다음은 갑국과 을국의 난민 신청 및 난민 인정 비율이다. 두 국가의 국민이 난민 인정을 신청한 사례는 없으며, 난민 인정은 난민 인정을 신청한 사람에 한정한다. 또한 입국한 난민 수는 을국이 갑국의 2배이다.
>
> (단위: %)
>
> | 구분 | 갑국 | 을국 |
> |---|---|---|
> | 난민 신청 비율 | 40 | 50 |
> | 난민 인정 비율 | 10 | 20 |
>
> * 난민 신청 비율 $= \dfrac{\text{갑(을)국에 난민 인정을 신청한 사람 수}}{\text{갑(을)국으로 입국한 난민 수}} \times 100$
>
> ** 난민 인정 비율 $= \dfrac{\text{갑(을)국 정부가 난민으로 인정한 사람 수}}{\text{갑(을)국에 난민 인정을 신청한 사람 수}} \times 100$

① 갑국으로 입국한 난민 수 대비 갑국이 난민으로 인정한 사람 수의 비율은 10%이다. O □ X □

② 을국으로 입국한 난민 수 대비 난민 인정을 신청했으나 난민으로 인정받지 못한 사람 수의 비율은 30%이다.　　　　　　　　　　　　　　　　　　　　　O □ X □

③ 갑국으로 입국한 난민 수보다 을국에 난민 인정을 신청한 사람 수가 많다. O □ X □

④ 난민으로 인정한 사람 수는 을국이 갑국의 5배이다. O □ X □

⑤ 다른 조건이 동일하다면, 난민으로 인정받기 위해서는 을국보다 갑국에 난민 신청을 하는 것이 유리하다.　　　　　　　　　　　　　　　　　　　　　O □ X □

🔑 Answer

갑국으로 입국한 난민을 100명이라고 한다면 갑국에 난민 인정을 신청한 사람은 40명, 갑국 정부가 난민으로 인정한 사람은 4명이다. 입국한 난민 수는 을국이 갑국의 2배이므로 을국으로 입국한 난민은 200명이라고 할 수 있다. 이때 을국에 난민 인정을 신청한 사람은 100명, 을국 정부가 난민으로 인정한 사람은 20명이다.

① 갑국으로 입국한 난민 수 대비 갑국이 난민으로 인정한 사람 수의 비율은 4%{=(4/100)×100}이다. [X]

② 을국으로 입국한 난민 수 대비 난민 인정을 신청했으나 난민으로 인정받지 못한 사람 수의 비율은 40%{=(80/200)×100}이다.　　　　　　　　　　　　　　[X]

③ 갑국으로 입국한 난민 수와 을국에 난민 인정을 신청한 사람 수는 각각 100명으로 같다. [X]

④ 난민으로 인정한 사람 수는 갑국이 4명, 을국이 20명이므로 을국이 갑국의 5배이다. [O]

⑤ 다른 조건이 동일하다면, 갑국보다 을국에 난민 신청을 하는 것이 유리하다. 갑국의 경우 난민 인정을 신청한 사람의 10%가 난민으로 인정받는다면, 을국의 경우 난민 인정을 신청한 사람의 20%가 난민으로 인정받기 때문이다. [X]

06 표에 대한 옳은 분석만을 〈보기〉에서 고른 것은? (단, A국의 1990년 전체 가구 중 빈곤층 가구의 비율은 10%이며, 가구별 구성원과 전체 가구 수에는 변동이 없다.) [3점]

[2019년 10월 학평 13번]

〈A국의 빈곤 탈출률과 빈곤 진입률〉

(단위: %)

구분	2000년	2010년
빈곤 탈출률	30	20
빈곤 진입률	20	10

* 빈곤 탈출률: 10년 전 빈곤층 가구 중 조사 연도에 비빈곤층인 가구 비율

** 빈곤 진입률: 10년 전 비빈곤층 가구 중 조사 연도에 빈곤층인 가구 비율

ㄱ. 2000년에 빈곤 진입 가구보다 빈곤 탈출 가구가 많다. O □ X □

ㄴ. 2010년에 빈곤층 가구는 전체 가구의 30%를 넘는다. O □ X □

ㄷ. 비빈곤층 가구 중 10년 전에 빈곤층인 가구의 비율은 2000년보다 2010년이 높다. O □ X □

ㄹ. 1990년 빈곤층 가구 중 2000년, 2010년 모두에 빈곤층인 가구의 비율은 최대 70%이다. O □ X □

〔 〕 Answer

전체 가구를 1,000가구, 1990년 빈곤층 가구를 100가구라고 하면 다음과 같은 표를 구성할 수 있다.

구분	1990년	2000년	2010년
빈곤 탈출 가구		30가구	50가구
빈곤 진입 가구		180가구	75가구
빈곤층 가구	100가구	250가구	275가구
비빈곤층 가구	900가구	750가구	725가구

ㄱ. 2000년에 빈곤 진입 가구는 180가구, 빈곤 탈출 가구는 30가구이다. [X]

ㄴ. 2010년에 전체 가구가 1,000가구라면 빈곤층 가구는 275가구이므로 전체 가구의 30%가 되지 않는다. [X]

ㄷ. 2000년에 비빈곤층 가구인 750가구 중 10년 전에 빈곤층인 가구는 30가구이므로 비빈곤층 가구 중 10년 전에 빈곤층인 가구의 비율은 4%{=(30/750)×100}이고, 2010년에 비빈곤층 가구인 725가구 중 10년 전에 빈곤층인 가구는 50가구이므로 비빈곤층 가구 중 10년 전에 빈곤층인 가구의 비율은 약 6.9%{=(50/725)×100}이다. 따라서 비빈곤층 가구 중 10년 전에 빈곤층인 가구의 비율은 2010년이 2000년보다 높다. [O]

ㄹ. 1990년 빈곤층 가구 중 빈곤을 탈출한 30가구를 뺀 70가구 모두가 2000년, 2010년에도 빈곤층으로 남는다면 1990년 빈곤층 100가구 중 70가구가 2000년, 2010년까지 빈곤층이 되므로 1990년 빈곤층 가구 중 2000년, 2010년 모두에 빈곤층인 가구의 비율은 최대 70%{=(70/100)×100}이다. [O]

다음 자료에 대한 옳은 분석만을 〈보기〉에서 있는 대로 고른 것은? [3점]　　　　　　　[2021년 7월 학평 20번]

〈자료 1〉 갑국의 사회 보장 제도

> (가)는 실직하여 재취업 활동을 하는 근로자에게 일정 기간 동안 소정의 급여를 지급하는 제도이다. (나)는 국가와 지방 자치 단체의 책임하에 생활 유지 능력이 없거나 생활이 어려운 국민의 최저 생활을 보장하고 자립을 지원하는 제도이다.

〈자료 2〉 갑국의 (가), (나) 제도 수급자 비율

(단위: %)

구분	A 지역	B 지역	C 지역	D 지역
(가)	10	4	6	6
(나)	30	40	20	30

* 갑국의 사회 보장 제도는 우리나라의 사회 보장 제도와 동일함.

** 갑국은 A～D 네 지역으로만 구성되고, B와 C 지역 인구는 각각 A 지역 인구의 2배, C 지역 인구는 D 지역 인구의 1.5배임.

*** 해당 지역 수급자 비율(%) = $\dfrac{\text{해당 지역 수급자 수}}{\text{해당 지역 인구}} \times 100$

ㄱ. 갑국 전체 국민의 5%가 (가) 제도의 수급자이다.　O □　X □

ㄴ. 상호 부조의 원리를 원칙으로 하는 제도의 경우, A 지역 수급자 수는 D 지역 수급자 수보다 많다.　O □　X □

ㄷ. 사후 처방적 성격이 강한 제도의 경우, B 지역 수급자 수는 C 지역과 D 지역 수급자 수의 합과 같다.　O □　X □

ㄹ. 정부 재정으로 비용을 전액 충당하는 것을 원칙으로 하는 제도의 전체 수급자 수는 강제 가입의 원칙이 적용되는 제도의 전체 수급자 수의 6배이다.　O □　X □

ⓘ **Answer**

A～D 지역 인구의 상대적 비는 A : B : C : D = 3 : 6 : 6 : 4이다. D 지역의 인구를 400명이라고 하면 A 지역의 인구는 300명, B 지역의 인구는 600명, C 지역의 인구는 600명으로, 다음과 같은 표를 완성할 수 있다.

구분	A 지역(300명)		B 지역(600명)		C 지역(600명)		D 지역(400명)		전체(1,900명)	
(가) 사회 보험	10%	30명	4%	24명	6%	36명	6%	24명	6%	114명
(나) 공공 부조	30%	90명	40%	240명	20%	120명	30%	120명	30%	570명

ㄱ. 갑국 전체 인구인 1,900명 중 (가) 제도의 수급자는 114명이므로 (가) 제도의 수급자는 갑국 전체 국민의 6%이다. [X]

ㄴ. 상호 부조의 원리를 원칙으로 하는 제도인 (가)의 경우 A 지역 수급자는 30명, D 지역 수급자는 24명이다. [O]

ㄷ. 사후 처방적 성격이 강한 제도인 (나)의 경우 B 지역 수급자는 240명이고, C 지역과 D 지역 수급자 수의 합은 240명이다. [O]

ㄹ. 정부 재정으로 비용을 전액 충당하는 것을 원칙으로 하는 제도인 (나)의 전체 수급자 수는 570명이므로 강제 가입의 원칙이 적용되는 제도인 (가)의 전체 수급자 114명의 5배이다. [X]

3 전체 비율로 집단의 크기 비교하기

[패턴 2]를 복습해 보자! ① 비율만 주어지면 다른 집단 간 수를 비교할 수 없었지!

〈○○시 지역별 대학생 비율〉

(단위: %)

A 지역	B 지역	전체
6%	10%	

(단, ○○시는 A, B 지역으로만 이루어져 있다.)

이 표를 통해 B 지역의 대학생 비율이 A 지역보다 높다는 것은 알 수 있지만, B 지역의 대학생 수가 A 지역보다 많다고 할 수는 없지. 그런데 ② 집단의 크기에 대한 단서가 주어지면 수를 비교할 수 있어! [패턴 2의 UP]에서 했던 거였어. A, B 지역의 인구가 같다거나, A 지역의 인구가 B 지역 인구보다 3배 많다거나, B 지역의 인구가 A 지역 인구보다 3배 많다는 단서가 있다면 다음과 같이 A, B 지역의 대학생 수를 구할 수 있지.

〈○○시 지역별 대학생 비율〉

(단위: %)

A 지역	B 지역
6%	10%

i) $A = B$ A 지역   B 지역
   100   100   6명   10명

ii) $A < B$ A 지역   B 지역
   100   300   6명   30명

iii) $A > B$ A 지역   B 지역
   300   100   18명   10명

이제 본격적으로 [패턴 3] '전체 비율로 집단의 크기 비교하기'를 해 보자. 다시 표를 봐줘. ② 집단의 크기에 대한 단서에 따라 A, B 지역의 대학생 수를 구하면 전체 대학생 비율을 구할 수 있어. 이 패턴에서는 문제에 집단의 크기에 대한 단서가 나오는 게 아니라 전체의 비율이 주어지는 거야.

〈○○시 지역별 대학생 비율〉

(단위: %)

A 지역	B 지역	전체
6%	10%	

i) $A = B$ A 지역   B 지역   전체
   100   100   6명   10명 $\dfrac{16}{200} \times 100 = 8\%$

ii) $A < B$ A 지역   B 지역   전체
   100   300   6명   30명 $\dfrac{36}{400} \times 100 = 9\%$

iii) $A > B$ A 지역   B 지역   전체
   300   100   18명   10명 $\dfrac{28}{400} \times 100 = 7\%$

A 지역이 6%이고 B 지역이 10%, 그리고 전체가 8%라고 주어지면, 집단의 크기를 알 수 있어. A 지역 6%와 B 지역 10%의 평균이 8%로 전체 8%와 일치하므로 이는 A 지역 인구와 B 지역 인구가 같다는 것을 의미해.

〈○○시 지역별 대학생 비율〉

(단위: %)

A 지역	B 지역	전체
6%	10%	8%

(단, ○○시는 A, B 지역으로만 이루어져 있다.)

다음의 경우처럼 전체 평균이 9%라면 A 지역 대학생 비율보다 B 지역 대학생 비율에 가까운 값이므로 B 지역 인구가 A 지역 인구보다 많다고 볼 수 있어.

〈○○시 지역별 대학생 비율〉

(단위: %)

A 지역	B 지역	전체
6%	10%	9%

(단, ○○시는 A, B 지역으로만 이루어져 있다.)

전체 평균이 7%라면 B 지역 대학생 비율보다 A 지역 대학생 비율에 가까운 값이므로 A 지역 인구가 B 지역 인구보다 많다고 볼 수 있어. 그런데 A 지역 인구가 B 지역 인구보다 몇 배나 더 많은지 어떻게 알 수 있을까?

〈○○시 지역별 대학생 비율〉

(단위: %)

A 지역	B 지역	전체
6%	10%	7%

(단, ○○시는 A, B 지역으로만 이루어져 있다.)

A 지역 인구가 a명, B 지역 인구가 b명이라면 전체의 인구는 $(a+b)$명이겠지. 다음과 같은 계산식을 통해 두 지역의 인구를 비교할 수 있어.

A 지역의 대학생	B 지역의 대학생	전국(A+B)의 대학생
6%	10%	7%

$$0.06a + 0.1b = 0.07(a+b)$$
$$0.06a + 0.1b = 0.07a + 0.07b$$
$$0.03b = 0.01a$$
$$3b = a$$
∴ A 지역 인구가 B 지역 인구보다 3배 많다!

01 다음 자료에 대한 분석으로 옳은 것은? (단, (가), (나) 이외의 다른 제도는 고려하지 않는다.)　　　[2020학년도 수능 15번]

〈자료 1〉은 우리나라의 사회 보장 제도 (가), (나)를 검색한 결과이고, 〈자료 2〉는 해당 제도의 ○○시 지역·시기별 수급자 비율이다.

〈자료 1〉 (가), (나)의 검색 결과

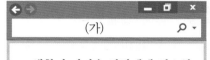

생활이 어려운 사람에게 필요한 급여를 지급하여 최저 생활을 보장하고 자활을 지원하는 제도

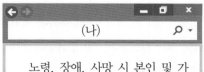

노령, 장애, 사망 시 본인 및 가족에게 연금 급여를 실시하여 기본 생활을 유지할 수 있도록 하는 제도

〈자료 2〉 ○○시의 지역·시기별 수급자 비율

(단위: %)

구분	(가)		(나)	
	t년	t+10년	t년	t+10년
A 지역	4.8	5.0	3.4	4.0
B 지역	2.8	3.6	7.4	8.0
전체	4.4	4.3	4.2	6.0

* 해당 지역 수급자 비율(%) = $\dfrac{\text{해당 지역 수급자 수}}{\text{해당 지역 인구}} \times 100$

** ○○시에는 A, B 지역만 있고, t년과 t+10년의 ○○시 총인구는 동일함.

② 사후 처방적 성격이 강한 제도의 경우, t년에 A 지역 수급자 수는 B 지역 수급자 수의 4배이다. O ☐ X ☐

③ 강제 가입의 원칙이 적용되는 제도의 경우, t년은 t+10년과 달리 B 지역 수급자 수보다 A 지역 수급자 수가 많다. O ☐ X ☐

🛈 **Answer**

(가)는 국민 기초 생활 보장 제도로 공공 부조, (나)는 국민 연금 제도로 사회 보험에 해당한다. t년에 (가)의 수급자 비율은 A 지역이 4.8%, B 지역이 2.8%, 전체가 4.4%이므로 A 지역 인구는 B 지역 인구의 4배이다. t+10년에 (가)의 수급자 비율은 A 지역이 5.0%, B 지역이 3.6%, 전체가 4.3%이므로 A 지역 인구와 B 지역 인구가 같다.

② 사후 처방적 성격이 강한 제도는 공공 부조인 (가)이다. t년에 A 지역 인구가 B 지역 인구의 4배이고, (가)의 수급자 비율은 A 지역이 4.8%, B 지역이 2.8%이므로 A 지역 수급자 수는 B 지역 수급자 수의 4배를 초과한다. [X]

③ 강제 가입의 원칙이 적용되는 제도는 사회 보험인 (나)이다. t년에 A 지역 인구가 B 지역 인구의 4배이고, (나)의 수급자 비율은 A 지역이 3.4%, B 지역이 7.4%이므로 수급자 수는 A 지역이 B 지역보다 많다. t+10년에 A 지역 인구와 B 지역 인구가 같고, (나)의 수급자 비율은 A 지역이 4.0%, B 지역이 8.0%이므로 수급자 수는 B 지역이 A 지역보다 많다. [O]

다음 자료에 대한 분석으로 옳은 것은?   **[2021년 4월 학평 20번]**

표는 우리나라 사회 보장 제도와 동일한 갑국의 사회 보장 제도 (가), (나)의 수급자 비율을 나타낸 것이다. (가)는 노인의 생활 안정과 복지 증진을 위해 소득 인정액이 일정 수준 이하인 65세 이상 노인에게 연금을 지급하는 제도이다. 반면 (나)는 고령이나 노인성 질병 등의 사유로 일상생활을 혼자 수행하기 어려운 노인 등에게 신체 활동 및 가사 활동 지원 등에 필요한 장기 요양 급여를 제공하는 제도이다.

(단위: %)

구분	t년		t+30년	
	(가)	(나)	(가)	(나)
남성	4.3	4.5	4.2	4.5
여성	6.4	6.9	2.6	3.5
전체	5.0	5.3	3.4	4.0

* t년과 t+30년의 갑국 전체 인구는 동일함.

** 해당 집단의 수급자 비율(%) = $\dfrac{\text{해당 집단의 수급자 수}}{\text{해당 집단의 인구}} \times 100$

① t년과 t+30년 모두 남성 인구가 여성 인구보다 많다. O □ X □

② t년에 (나)의 수급자 수는 여성이 남성보다 많다. O □ X □

③ (가), (나) 중 강제 가입 원칙이 적용되는 제도의 여성 수급자 수는 t년이 t+30년보다 많다. O □ X □

④ (가), (나) 중 상호 부조의 원리가 적용되는 제도의 남성 수급자 수는 t년과 t+30년에 동일하다. O □ X □

⑤ (가), (나) 중 사후 처방적 성격이 강한 제도의 남성 수급자 비율과 여성 수급자 비율의 차이는 t+30년이 t년보다 크다. O □ X □

🛈 **Answer**

(가)는 기초 연금 제도로 공공 부조에 해당하고, (나)는 노인 장기 요양 보험 제도로 사회 보험에 해당한다.

① t년에 (가)의 경우 남성 수급자 비율이 4.3%, 여성 수급자 비율이 6.4%, 전체 수급자 비율이 5.0%로 남성 인구가 여성 인구의 2배이고, t+30년에 (나)의 경우 남성 수급자 비율이 4.5%, 여성 수급자 비율이 3.5%, 전체 수급자 비율이 4.0%로 남성 인구와 여성 인구가 동일하다. [X]

② t년에 남성 인구는 여성 인구의 2배이므로 (나)의 수급자 수는 남성이 여성보다 많다. [X]

③ 강제 가입 원칙이 적용되는 제도는 (나)이다. t년과 t+30년의 갑국 전체 인구가 동일하므로 전체 인구를 300명이라고 하면, 여성 인구는 t년에 100명, t+30년에 150명이다. 따라서 (나)의 여성 수급자 수는 t년이 t+30년보다 많다. [O]

④ 상호 부조의 원리가 적용되는 제도는 (나)이다. (나)의 경우 남성 수급자 비율은 t년과 t+30년이 동일하지만, 남성 전체 인구는 t년이 t+30년보다 많다. 따라서 (나)의 남성 수급자 수는 t년이 t+30년보다 많다. [X]

⑤ 사후 처방적 성격이 강한 제도는 (가)이다. (가)의 경우 남성 수급자 비율과 여성 수급자 비율의 차이는 t년이 t+30년보다 크다.

[X]

03 자료에 대한 분석으로 옳은 것은? [3점]

[2021년 3월 학평 20번]

표는 우리나라 갑 권역의 65세 이상 인구 중 국민 연금 제도와 기초 연금 제도의 수급자 비율을 나타낸 것이다. 갑 권역은 A 지역과 B 지역으로만 구분되고, 65세 이상 인구는 A 지역이 4만 명, B 지역이 2만 명이다.

(단위: %)

구분	A 지역	B 지역
국민 연금 수급자	60	80
기초 연금 수급자	40	30

⑤ 갑 권역에서 65세 이상 인구 중 의무 가입의 원칙이 적용되는 제도의 수급자 비율은 70% 미만이다.   O ☐ X ☐

04 표는 인구의 고령화와 관련된 설문 조사 결과를 나타낸 것이다. 이에 대한 분석으로 옳은 것은? [3점]

[2020년 3월 학평 15번]

〈인구의 고령화가 초래할 가장 심각한 문제〉

(단위: %)

구분	노인 빈곤	노동력 부족	세대 갈등	재정 악화	기타	계
여자	32.2	28.6	13.4	20.6	5.2	100
남자	30.8	34.6	10.0	19.6	5.0	100

③ 전체 응답자 중 노인 빈곤을 선택한 응답자가 60%를 넘는다.   O ☐ X ☐

Answer

03
⑤ 의무 가입의 원칙이 적용되는 제도는 사회 보험에 해당하는 국민 연금이다. A 지역과 B 지역의 65세 이상 인구가 같다면 갑 권역에서 국민 연금 수급자 비율은 70%이다. 그런데 65세 이상 인구가 A 지역이 B 지역보다 2배 많으므로 갑 권역에서 65세 이상 인구 중 국민 연금 수급자 비율은 70% 미만이다. [O]

04
③ 남자와 여자 집단의 크기를 알 수 없으므로 전체 비율을 알 수 없다. 단, 전체 응답자 중에서 노인 빈곤을 선택한 비율은 30.8%에서 32.2% 사이의 값을 갖는다. [X]

05 그래프에 대한 옳은 분석만을 〈보기〉에서 고른 것은? [3점]

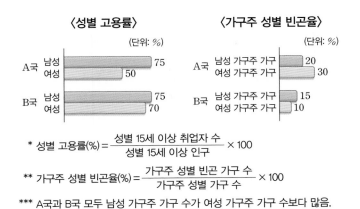

〈성별 고용률〉 (단위: %)

A국 남성 75 / 여성 50
B국 남성 75 / 여성 70

〈가구주 성별 빈곤율〉 (단위: %)

A국 남성 가구주 가구 20 / 여성 가구주 가구 30
B국 남성 가구주 가구 15 / 여성 가구주 가구 10

$$* \text{ 성별 고용률(\%)} = \frac{\text{성별 15세 이상 취업자 수}}{\text{성별 15세 이상 인구}} \times 100$$

$$** \text{ 가구주 성별 빈곤율(\%)} = \frac{\text{가구주 성별 빈곤 가구 수}}{\text{가구주 성별 가구 수}} \times 100$$

*** A국과 B국 모두 남성 가구주 가구 수가 여성 가구주 가구 수보다 많음.

ㄷ. A국은 전체 가구의 50%가 빈곤 가구에 해당한다.   O ☐   X ☐

Answer

ㄷ. A국의 남성 가구주 가구의 빈곤율은 20%, 여성 가구주 가구의 빈곤율은 30%이다. 전체 가구는 남성 가구주 가구와 여성 가구주 가구로 구성되므로 A국의 경우 전체 가구에서 빈곤 가구가 차지하는 비율은 20%에서 30%의 값을 갖는다. [X]

06 표에 대한 분석으로 옳은 것은? (단, 각 국가 내에서 남성 근로자 수와 여성 근로자 수는 같다.) [3점]

[2021년 3월 학평 15번]

〈성별 근로자 월 평균 임금〉

(단위: 달러)

구분	갑국	을국	병국
남성 근로자	3,400	3,800	4,000
여성 근로자	2,600	2,800	2,800

① 갑국에서 여성 근로자 월 평균 임금은 전체 근로자 월 평균 임금의 90% 수준을 넘는다. O ☐ X ☐

③ 병국에서 남성 근로자 월 평균 임금은 전체 근로자 월 평균 임금보다 800달러 많다. O ☐ X ☐

07 표에 대한 분석으로 옳은 것은? [3점]

[2020년 10월 학평 10번]

〈갑국 근로자의 평균 임금〉

(단위: 달러)

구분	2000년		2010년	
	남자	여자	남자	여자
내국인	2,000	1,600	2,500	2,100
외국인	1,400	1,000	1,700	1,500
전체	1,900	1,500	2,400	2,000

② 2010년에 내국인 근로자 평균 임금에 대한 외국인 근로자 평균 임금의 비는 3/5보다 작다. O ☐ X ☐

ⓘ **Answer**

06

① 남성 근로자 수와 여성 근로자 수가 같으므로 갑국 전체 근로자의 월 평균 임금은 3,000달러이다. 따라서 여성 근로자 월 평균 임금은 전체 근로자 월 평균 임금의 약 87%{=(2,600/3,000)×100}이다. [X]

③ 남성 근로자 수와 여성 근로자 수가 같으므로 병국 전체 근로자의 월 평균 임금은 3,400달러이다. 따라서 남성 근로자 월 평균 임금은 전체 근로자의 월 평균 임금보다 600달러 많다. [X]

07

② 2010년에 내국인 근로자 평균 임금은 2,500달러보다 작고, 외국인 근로자 평균 임금은 1,500달러보다 크다. 따라서 내국인 근로자 평균 임금에 대한 외국인 근로자 평균 임금의 비는 3/5보다 크다. [X]

2022년 10월 학평 20번 문제를 보자.

〈갑국의 지역별 인구 대비 ○○ 연금, △△ 연금 수급자 비율〉

(단위: %)

구분	A 지역	B 지역	C 지역	전체
○○ 연금 수급자	20	20	㉠	25
△△ 연금 수급자	10	15	15	㉡
○○ 연금과 △△ 연금의 중복 수급자	5	10	10	9

* 갑국은 A~C 지역만으로 구성되며, ○○ 연금과 △△ 연금의 중복 수급자의 수는 B 지역이 A 지역의 3배이다.

○○ 연금과 △△ 연금의 중복 수급자 수가 B 지역이 A 지역의 3배이므로 ○○ 연금과 △△ 연금의 중복 수급자 수를 A 지역의 경우 10명, B 지역의 경우 30명이라고 해 보자. 그러면 A 지역 인구는 200명, B 지역 인구는 300명이 돼. ○○ 연금과 △△ 연금의 중복 수급자 비율은 A 지역이 5%, B 지역이 10%이므로 'A+B' 지역은 8%야. C 지역의 ○○ 연금과 △△ 연금의 중복 수급자 비율이 10%, 갑국 전체가 9%이므로 C 지역 인구는 'A+B' 지역 인구와 동일해. 제시된 자료는 다음과 같이 나타낼 수 있어.

(단위: 명)

구분	A 지역	B 지역	C 지역	전체
인구	200	300	500	1,000
○○ 연금 수급자	40	60	150	250
△△ 연금 수급자	20	45	75	140
중복 수급자	10	30	50	90

2022년 7월 학평 20번 문제를 보자.

〈갑국의 A, B 제도 수급자 비율〉

(단위: %)

구분	(가)	(나)	(다)	(라)	전체
A	20	15	5	8	10
B	10	ⓒ	40	36	32

* 갑국의 사회 보장 제도는 우리나라의 사회 보장 제도와 동일하다.
** 갑국은 (가)~(라) 지역으로만 구성되고, (나)와 (다) 지역 인구는 각각 (가) 지역 인구의 2배이다.
*** 지역별 수급자 비율(%)＝(해당 지역 수급자 수/해당 지역 인구)×100

(가) 지역 인구를 100이라고 하면, (나) 지역 인구와 (다) 지역 인구는 각각 200이야. A 제도 수급자 비율의 경우 (가) 지역이 20%, (나) 지역이 15%, (다) 지역이 5%이므로 A 제도의 수급자 수는 (가) 지역이 20, (나) 지역이 30, (다) 지역이 10이 돼. 20+30+10+{(라) 지역 인구×8%}={100+200+200+(라) 지역 인구}×10%가 성립해. 따라서 (라) 지역 인구는 (가) 지역 인구의 5배가 된단다.

구분	(가)	(나)	(다)	(라)	전체
전체 인구	100	200	200	500	1,000
A 수급자 수	20	30	10	40	100
B 수급자 수	10	50	80	180	320

여러 가지 방법으로 할 수 있어. (나) 지역 인구와 (다) 지역 인구가 같으므로 A 제도의 경우 '(나)＋(다)' 지역 수급자 비율은 10%이고, 이는 전체 수급자 비율과 같아. 따라서 '(가)＋(라)' 지역 수급자 비율은 10%가 되겠지. (가) 지역이 20%, (라) 지역이 8%이므로 (라) 지역 인구가 (가) 지역 인구보다 5배 크다는 것을 알 수 있어.

08 다음 자료에 대한 분석으로 옳은 것은? [3점]

갑국의 사회 보장 제도는 우리나라의 사회 보장 제도와 동일하다. 금전적 지원을 원칙으로 하는 (가), (나) 제도 중에서, (가)는 현재 직면한 사회적 위험에 대응하는 사후 처방적 성격이 강한 반면, (나)는 미래에 직면할 사회적 위험에 대처하는 사전 예방적 성격이 강하다. 표는 갑국의 (가), (나) 제도 수급자 비율이다. 갑국은 A, B, C 세 지역으로만 구성되며, B 지역 전체 인구는 A 지역 전체 인구의 2배이다.

〈갑국의 (가), (나) 제도 수급자 비율〉

(단위: %)

구분	A 지역	B 지역	C 지역	전체
(가)	3	4	7	4
(나)	25	55	75	48

* 해당 지역 수급자 비율(%) = $\dfrac{\text{해당 지역 수급자 수}}{\text{해당 지역 인구}} \times 100$

① 상호 부조의 원리를 원칙으로 하는 제도의 경우, A 지역 수급자 수는 B 지역 수급자 수보다 많다. O ☐ X ☐

② 대상자 선정에 따른 부정적 낙인이 발생할 수 있는 제도의 경우, B 지역 수급자 수는 C 지역 수급자 수의 3배 이상이다. O ☐ X ☐

🛈 **Answer**

(가)는 공공 부조, (나)는 사회 보험이다. (가) 제도의 경우 B 지역 수급자 비율이 전체 수급자 비율인 4%와 같으므로, A 지역 수급자 비율 3%, C 지역 수급자 비율 7%, 전체 수급자 비율 4%를 비교하면 A 지역 인구는 C 지역 인구의 3배이다. A 지역 인구를 300명이라고 하면 B 지역 인구는 600명, C 지역 인구는 100명이고, 이때의 A~C 지역 (가), (나) 제도의 수급자 수는 다음과 같다.

(단위: 명)

구분	A 지역	B 지역	C 지역	전체
(가)	9	24	7	40
(나)	75	330	75	480

① 상호 부조의 원리를 원칙으로 하는 제도는 사회 보험이다. (나)의 경우 A 지역 수급자 수보다 B 지역 수급자 수가 많다. [X]

② 대상자 선정 과정에서 부정적 낙인이 발생할 수 있는 제도는 공공 부조이다. (가)의 경우 B 지역 수급자 수는 C 지역 수급자 수의 3배를 넘는다. [O]

4 격차와 증가율, 감소율 계산하기

격차와 증가율은 어떻게 다를까? 증가율과 감소율은 어떻게 구할까? 고2 2019년 9월 학평 20번 문제를 보자.

- 설문 내용: '귀하가 신청하고 싶은 상담 분야를 하나만 고르시오.'
- 응답 결과

(단위: %)

구분		대인관계	성격	게임중독	직업	성적	용돈부족	기타
성별	남자	15.6	3.7	6.5	25.6	37.8	4.7	6.1
	여자	16.8	3.6	3.5	25.2	38.4	5.8	6.7
연령별	15~18세	21.4	3.5	5.9	15.6	39.8	5.7	8.1
	19~24세	18.3	4.8	3.5	50.6	16.2	1.5	5.1

* 15~24세 청소년을 대상으로 함.

** 기타에는 이성 교제, 외모, 흡연이 포함됨.

② 게임 중독에 응답한 비율의 성별 격차는 연령별 격차보다 작다.

격차는 '서로 벌어져 있는 정도'를 의미해. 절댓값 차이를 구하면 된단다. 게임 중독에 응답한 성별 격차는 3%p(=6.5%-3.5%), 연령별 격차는 2.4%p(=5.9%-3.5%)인 거지.

증가율은 늘어나는 비율을, 감소율은 줄어드는 비율을 의미해.

구분	격차	증가율
(i) 100 ⇨ 200		
(ii) 20 ⇨ 60		

(i) 100에서 200으로 증가한 경우와 (ii) 20에서 60으로 증가한 경우 중 어느 쪽이 증가율이 더 클까? 격차는 (i)이 크지만, 증가율은 (ii)가 더 커. (i)에서 격차는 100이지만, 증가율은 원래 100이었는데 100에서 200으로 100만큼 증가한 비율을 구하는 것이거든. 따라서 증가율은 100%($=\frac{100}{100}\times100$)란다. (ii)에서 격차는 40이지만, 증가율은 원래 20이었는데 20에서 60으로 40만큼 증가한 비율을 구하면 200%($=\frac{40}{20}\times100$)가 된다는 것을 알 수 있어.

01 표에 대한 분석으로 옳은 것은? (단, 각 국가 내에서 남성 근로자 수와 여성 근로자 수는 같다.) [3점]

⟨성별 근로자 월 평균 임금⟩

(단위: 달러)

구분	갑국	을국	병국
남성 근로자	3,400	3,800	4,000
여성 근로자	2,600	2,800	2,800

② 을국에서 성별 근로자 월 평균 임금 격차는 남성 근로자 월 평균 임금의 1/3 수준을 넘는다. O ☐ X ☐

⑤ 갑국~병국 중 성별 근로자 월 평균 임금 격차는 갑국이 가장 크다. O ☐ X ☐

02 표에 대한 분석으로 옳은 것은? [3점]

⟨갑국 근로자의 평균 임금⟩

(단위: 달러)

구분	2000년		2010년	
	남자	여자	남자	여자
내국인	2,000	1,600	2,500	2,100
외국인	1,400	1,000	1,700	1,500
전체	1,900	1,500	2,400	2,000

③ 2010년에 남자 근로자와 여자 근로자 간 평균 임금 차이보다 내국인 근로자와 외국인 근로자 간 평균 임금 차이가 크다. O ☐ X ☐

⑤ 2000년 대비 2010년에 내국인 여자 근로자 평균 임금 증가율보다 내국인 남자 근로자 평균 임금 증가율이 크다.

O ☐ X ☐

💡 **Answer**

01

② 을국에서 성별 근로자 월 평균 임금 격차는 1,000달러로, 남성 근로자 월 평균 임금의 1/3이 되지 않는다. [X]

⑤ 성별 근로자 월 평균 임금 격차는 갑국이 800달러, 을국이 1,000달러, 병국이 1,200달러이다. [X]

02

③ 2010년에 남자 근로자와 여자 근로자 간의 평균 임금 차이는 400달러이다. 내국인 근로자의 평균 임금은 2,100달러보다 크고, 외국인 근로자의 평균 임금은 1,700달러보다 작으므로 내국인 근로자와 외국인 근로자 간 평균 임금 차이는 400달러보다 크다. [O]

⑤ 2000년 대비 2010년에 내국인 여자 근로자 평균 임금 증가율은 약 31%{=(500/1,600)×100}이고, 내국인 남자 근로자 평균 임금 증가율은 25%{=(500/2,000)×100}이다. [X]

03 다음 자료에 대한 분석으로 옳은 것은?

[2021년 4월 학평 20번]

표는 우리나라 사회 보장 제도와 동일한 갑국의 사회 보장 제도 (가), (나)의 수급자 비율을 나타낸 것이다. (가)는 노인의 생활 안정과 복지 증진을 위해 소득 인정액이 일정 수준 이하인 65세 이상 노인에게 연금을 지급하는 제도이다. 반면 (나)는 고령이나 노인성 질병 등의 사유로 일상생활을 혼자 수행하기 어려운 노인 등에게 신체 활동 및 가사 활동 지원 등에 필요한 장기 요양 급여를 제공하는 제도이다.

(단위: %)

구분	t년		t+30년	
	(가)	(나)	(가)	(나)
남성	4.3	4.5	4.2	4.5
여성	6.4	6.9	2.6	3.5
전체	5.0	5.3	3.4	4.0

* t년과 t+30년의 갑국 전체 인구는 동일함.

** 해당 집단의 수급자 비율(%) = $\dfrac{\text{해당 집단의 수급자 수}}{\text{해당 집단의 인구}} \times 100$

⑤ (가), (나) 중 사후 처방적 성격이 강한 제도의 남성 수급자 비율과 여성 수급자 비율의 차이는 t+30년이 t년보다 크다. O □ X □

ⓘ Answer

⑤ (가)는 기초 연금 제도로 공공 부조에 해당하고, (나)는 노인 장기 요양 보험 제도로 사회 보험에 해당한다. 사후 처방적 성격이 강한 제도는 공공 부조인 기초 연금 제도이다. (가)의 경우 남성 수급자 비율과 여성 수급자 비율의 차이는 t년이 2.1%p, t+30년이 1.6%p이다. [X]

04 (가)에 들어갈 옳은 내용만을 〈보기〉에서 고른 것은? [3점]

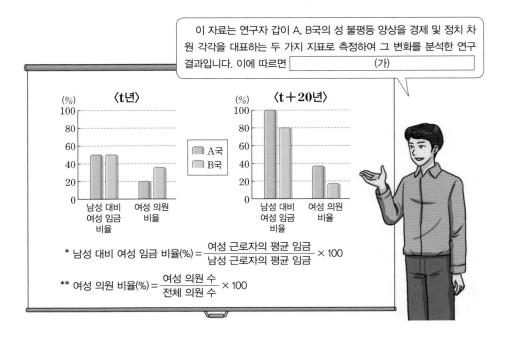

이 자료는 연구자 갑이 A, B국의 성 불평등 양상을 경제 및 정치 차원 각각을 대표하는 두 가지 지표로 측정하여 그 변화를 분석한 연구 결과입니다. 이에 따르면 ____(가)____

* 남성 대비 여성 임금 비율(%) = $\dfrac{\text{여성 근로자의 평균 임금}}{\text{남성 근로자의 평균 임금}} \times 100$

** 여성 의원 비율(%) = $\dfrac{\text{여성 의원 수}}{\text{전체 의원 수}} \times 100$

ㄱ. A국은 t년에 비해 t+20년에 근로자의 성별 평균 임금 격차가 증가했습니다. O ☐ X ☐

(î) **Answer**

ㄱ. A국의 경우 t년에 남성 근로자의 평균 임금이 여성 근로자의 평균 임금의 2배 정도이지만, t+20년에는 남성 근로자와 여성 근로자의 평균 임금이 같다. 따라서 A국은 t년에 비해 t+20년에 근로자의 성별 평균 임금 격차가 감소하였다. [X]

05 다음 자료에 대한 옳은 설명만을 〈보기〉에서 고른 것은? [3점]　　　　　　[2022학년도 수능 6월 모평 10번]

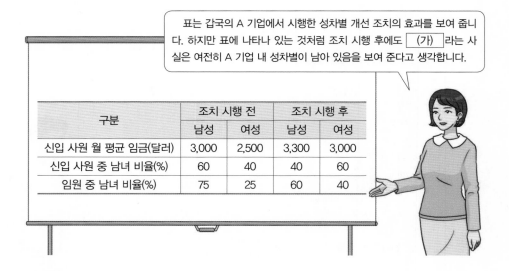

표는 갑국의 A 기업에서 시행한 성차별 개선 조치의 효과를 보여 줍니다. 하지만 표에 나타나 있는 것처럼 조치 시행 후에도 ┌ (가) ┐라는 사실은 여전히 A 기업 내 성차별이 남아 있음을 보여 준다고 생각합니다.

구분	조치 시행 전		조치 시행 후	
	남성	여성	남성	여성
신입 사원 월 평균 임금(달러)	3,000	2,500	3,300	3,000
신입 사원 중 남녀 비율(%)	60	40	40	60
임원 중 남녀 비율(%)	75	25	60	40

ㄱ. 성차별 개선 조치 시행 후 남녀 신입 사원의 월 평균 임금 격차는 60% 감소하였다.　O □　X □

ㄴ. 성차별 개선 조치 시행 전후 신입 사원 수가 같다면, 여성 신입 사원 수는 조치 시행 후 50% 증가하였다.

O □　X □

(i) **Answer**

ㄱ. 남녀 신입 사원의 월 평균 임금 격차는 성차별 개선 조치 시행 전의 경우 500달러(=3,000달러 − 2,500달러), 조치 시행 후의 경우 300달러(=3,300달러 − 3,000달러)이다. 따라서 성차별 개선 조치 시행 후 남녀 신입 사원의 월 평균 임금 격차는 40%{=(200/500)×100} 감소하였다. [X]

ㄴ. 성차별 개선 조치 시행 전후 신입 사원 수가 100명으로 같다면, 여성 신입 사원 수는 조치 시행 전의 경우 40명, 조치 시행 후의 경우 60명이다. 따라서 여성 신입 사원 수는 조치 시행 후 50%{=(20/40)×100} 증가하였다. [O]

2018년 10월 학평 15번 ㄷ선지를 볼까? 단순히 증가율을 구하는 것에서 더 나아가 1인 가구 증가율과 전체 가구 증가율을 비교하도록 되어 있지? 나는 이 유형을 전체와 부분의 증가율을 비교하는 패턴으로 보았어.

(단위: %)

구분		1995년	2005년	2015년
친족 가구	부부 가구	14	20	22
	2세대 가구	51	50	50
	3세대 이상 가구	21	15	6
1인 가구		7	10	12
기타 가구		7	5	10
계		100	100	100

(단, 갑국의 전체 가구 수는 지속적으로 증가하였다.)

ㄷ. 1995년 대비 2005년에 1인 가구 증가율이 전체 가구 증가율보다 크다.

갑국의 전체 가구가 100가구이고, 1인 가구의 비율이 20%라고 한다면 1인 가구는 20가구가 되겠지.

(ⅰ) 전체와 부분의 증가율이 같은 경우를 보자. 전체 가구와 1인 가구 모두 2배 증가했다면, 전체 가구는 200가구이고 1인 가구는 40가구이므로 여전히 1인 가구의 비율은 20%가 되는 거야.

(ⅱ) 전체의 증가율보다 부분의 증가율이 높은 경우를 보자. 전체 가구가 2배 증가할 때 1인 가구가 3배 증가했다면 전체 200가구 중 1인 가구는 60가구이므로 1인 가구의 비율은 30%가 되겠지. 즉, 전체가 증가한다는 전제하에 부분이 차지하는 비율이 이전보다 커졌다면 부분의 증가율이 더 높다는 것을 알 수 있어.

(ⅲ) 전체의 증가율이 부분의 증가율보다 높은 경우에는 부분이 차지하는 비율이 이전보다 작아지는 것을 알 수 있어. 전체 가구가 3배 증가할 때 1인 가구가 2배 증가했다면 전체 300가구 중 1인 가구는 40가구이므로 1인 가구의 비율은 약 13%가 되겠지. 1인 가구의 비율이 20%에서 13%로 작아진 것만 보아도 1인 가구의 증가율이 전체 가구의 증가율보다 낮다는 것을 알 수 있지.

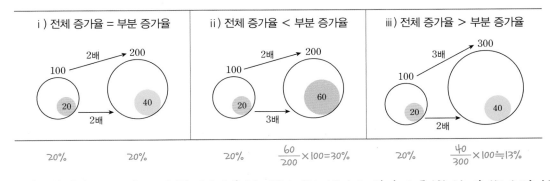

2018년 10월 학평 15번 ㄷ선지의 진위를 파악해 볼까? 갑국의 전체 가구 수가 지속적으로 증가한다는 전제하에 1인 가구의 비율이 7%에서 10%로 커졌으므로 부분의 증가율, 즉 1인 가구의 증가율이 전체 가구 증가율보다 높다는 것을 알 수 있어.

06 표에 대한 분석으로 옳은 것은? [3점]　　　　　　　　　　　　　　　　　　　[2019년 4월 학평 15번]

〈갑국의 다문화 가정 학생 현황〉

(단위: %)

구분		2016년	2017년	2018년
전년 대비 다문화 가정 학생 수 변화율		0	-2.0	2.0
전체 학생 중 다문화 가정 학생 비율		1.7	1.8	1.9
다문화 가정 학생의 학교급별 구성비	초등학교	78.3	79.1	81.5
	중학교	16.8	15.9	13.3
	고등학교	4.9	5.0	5.2
	계	100	100	100

* 갑국의 초·중·고교 재학생을 전수 조사한 결과임.

② 2017년의 전체 학생 수는 2016년에 비해 감소하였다.　O □　X □

🛈 **Answer**

② 2016년에 비해 2017년에 다문화 가정 학생 수가 감소하였음에도 불구하고 전체 학생 중 다문화 가정 학생 비율이 증가하였으므로 전체 학생 수는 감소하였다. [O]

5 비율 적용 (1) 사회 계층 구조

사회 계층 구조는 계층 구성 비율에 따라 피라미드형, 다이아몬드형, 모래시계형으로 구분할 수 있어. 고2 2019년 11월 학평 20번 문제에서 〈자료 1〉 세대별 계층 간 상대적 비를 통해 부모 세대와 자녀 세대의 계층 구조를 알아보자.

〈자료 1〉 세대별 계층 간 상대적 비

구분	부모 세대	자녀 세대
$\dfrac{상층}{중층+하층}$	$\dfrac{1}{9}$	$\dfrac{1}{3}$
$\dfrac{중층}{하층}$	$\dfrac{1}{2}$	2

부모 세대의 경우 (중층+하층) 대비 상층의 비가 1/9이므로 (중층+하층)이 9일 때 상층이 1임을 알 수 있고, 하층 대비 중층의 비가 1/2이므로 하층이 6일 때 중층이 3임을 알 수 있어. 즉, 상층 1, 중층 3, 하층 6이 되는 거야.

여기 정답!

구분	부모	자녀
상층	1	1
중층	3	2
하층	6	1

비율로 나타내면
(단위: %)

구분	부모	자녀
상층	10	25
중층	30	50
하층	60	25

부모 세대의 계층 구조는 피라미드형 계층 구조이고, 자녀 세대의 계층 구조는 다이아몬드형 계층 구조임을 알 수 있어.

01 그림은 갑국의 시기별 계층 구성 비율을 나타낸 것이다. 이에 대한 분석으로 옳은 것은? (단, 갑국의 계층은 상층, 중층, 하층으로만 구성되며, 각 시기별 조사 대상은 동일하다.) [2022학년도 수능 9월 모평 18번]

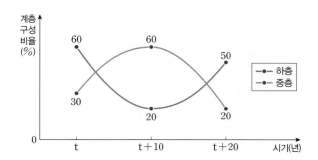

① t년 대비 t+20년에 상층의 비율은 3배가 되었다. O ☐ X ☐

② 상층과 하층의 비율 차이는 t년보다 t+10년이 크다. O ☐ X ☐

③ t년은 폐쇄적 계층 구조, t+10년과 t+20년은 개방적 계층 구조이다. O ☐ X ☐

④ t+10년보다 t+20년이 사회 통합에 더 유리한 계층 구조이다. O ☐ X ☐

⑤ t년 대비 t+20년의 변화는 세대 간 이동, t+10년 대비 t+20년의 변화는 세대 내 이동의 결과이다. O ☐ X ☐

💡 **Answer**

① 상층 비율은 t년이 10%, t+20년이 30%이므로 t년 대비 t+20년에 상층의 비율은 3배가 되었다. [O]

② t년에 상층 비율은 10%, 하층 비율은 60%이고, t+10년에 상층과 하층의 비율은 각각 20%이다. 따라서 상층과 하층의 비율 차이는 t년이 t+10년보다 크다. [X]

(단위: %)

구분	t년	t+10년	t+20년
상층	10	20	30
중층	30	60	20
하층	60	20	50

③ 각 시기별로 동일한 사람을 대상으로 조사한 결과 각 계층의 비율이 달라졌으므로 t년이 폐쇄적 계층 구조라고 할 수 없다. [X]

④ t+10년의 계층 구조는 중층 비율이 가장 높은 다이아몬드형이고, t+20년의 계층 구조는 중층 비율이 가장 낮은 모래시계형이다. 다이아몬드형 계층 구조가 모래시계형 계층 구조보다 사회 통합에 유리하다. [X]

⑤ 각 시기별 조사 대상이 동일하므로 제시된 기간에 나타난 변화는 모두 세대 내 이동의 결과이다. [X]

02 다음 자료에 대한 분석으로 옳은 것은? [3점]

[2023년 4월 학평 11번]

표는 갑국의 부모 세대와 자녀 세대의 계층별 비율을 비교한 결과를 나타낸다. 단, 계층은 상층, 중층, 하층으로만 구분되며, 부모 세대에서 중층 비율은 30%, 자녀 세대에서 상층 비율은 10%이다. 또한 모든 부모의 자녀는 1명씩이다.

구분	부모 세대에서 해당 계층 비율/자녀 세대에서 해당 계층 비율
상층	㉠
중층	5/9
하층	5/3

① ㉠은 '[   ]'이다.

② 자녀 세대에서 중층 비율은 하층 비율의 3배이다. O □ X □

⑤ 부모 세대의 계층 구조는 [   ]형, 자녀 세대의 계층 구조는 [   ]형이다.

ⓘ **Answer**

① 부모 세대에서 상층 비율은 10%, 자녀 세대에서 상층 비율은 10%이므로 ㉠은 [1]이다.

② 자녀 세대의 경우 중층 비율은 54%, 하층 비율은 36%이므로 중층 비율은 하층 비율의 3배가 되지 않는다. [X]

⑤ 부모 세대의 계층 구조는 [피라미드]형, 자녀 세대의 계층 구조는 [다이아몬드]형이다.

(단위: %)

구분	부모 세대	자녀 세대
상층	10	10
중층	30	54
하층	60	36

5 비율 적용 (2) 계층 기본표

2021년 10월 학평 10번 문제에 나왔던 바로 이 바둑판 모양 표! 이 표를 계층 기본표라고 해 보자. 다양한 형태로 제시되는 계층 정보를 계층 기본표로 바꾸면 부모 세대와 자녀 세대 간 계층 이동 비율이나 일치 비율 등을 파악할 수 있어.

〈갑국〉 (단위: %)

구분		부모 계층			계
		상층	중층	하층	
자녀 세대	상층	12	7	2	21
	중층	8	14	21	43
	하층	3	10	23	36
계		23	31	46	100

〈을국〉 (단위: %)

구분		부모 계층			계
		상층	중층	하층	
자녀 세대	상층	10	5	4	19
	중층	6	30	10	46
	하층	5	17	13	35
계		21	52	27	100

자＼부	상	중	하	계
상	A			
중		B		
하			C	
계				100

대각선을 먼저 보자. A는 부모와 자녀 모두 상층, B는 부모와 자녀 모두 중층, C는 부모와 자녀 모두 하층이야. 즉, 부모와 자녀의 계층이 일치하는 경우라고 할 수 있지. 기본형의 대각선은 계층 일치 또는 계층 대물림이라고 해.

자＼부	상	중	하	계
상		D	E	
중			F	
하				
계				100

D는 부모가 중층인데 자녀가 상층인 경우, E는 부모가 하층인데 자녀가 상층인 경우, F는 부모가 하층인데 자녀가 중층인 경우야. 모두 부모의 계층보다 자녀의 계층이 높으므로 상승 이동에 해당하는 영역이야.

자＼부	상	중	하	계
상				
중	G			
하	H	I		
계				100

G는 부모가 상층인데 자녀가 중층인 경우, H는 부모가 상층인데 자녀가 하층인 경우, I는 부모가 중층인데 자녀가 하층인 경우야. 모두 부모의 계층보다 자녀의 계층이 낮으므로 하강 이동에 해당하는 영역이야.

〈을국〉

(단위: %)

구분		부모 계층			계
		상층	중층	하층	
자녀 세대	상층	10	5	4	19
	중층	6	30	10	46
	하층	5	17	13	35
계		21	52	27	100

을국을 분석해 보자. 계층 대물림 또는 계층 일치 비율은 53%(=10%+30%+13%), 상승 이동 비율은 19%(=5%+4%+10%), 하강 이동 비율은 28%(=6%+5%+17%)인 거지.

결국 부모 세대와 자녀 세대의 계층은 일치하거나 불일치하는데, 계층 일치 비율이 53%이니깐 계층 불일치 비율은 47%가 되겠지. 계층 불일치 비율은 바로 상승 이동 비율과 하강 이동 비율의 합이라고 할 수 있어. 부모 세대의 경우 상층 비율은 21%, 중층 비율은 52%, 하층 비율은 27%이므로 부모 세대의 계층 구조는 다이아몬드형이고, 자녀 세대의 경우 상층 비율은 19%, 중층 비율은 46%, 하층 비율은 35%이므로 자녀 세대의 계층 구조도 다이아몬드형임을 알 수 있어.

03 다음 자료에 대한 분석으로 옳은 것은? (단, A~C는 각각 상층, 중층, 하층 중 하나이며, 모든 부모의 자녀는 1명씩이다.)

[3점] [2019년 3월 학평 20번]

갑국에서 부모 세대와 자녀 세대의 계층을 조사한 결과, 자녀 세대에서 각 계층 인구 중 부모와 계층이 일치하는 인구의 비율은 하층이 가장 높고, 중층이 가장 낮은 것으로 나타났다. 표는 갑국에서 실시한 조사의 결과를 나타낸 것이다.

(단위: %)

구분		부모의 계층			계
		A	B	C	
자녀의 계층	A	24	5	1	30
	B	26	20	4	50
	C	6	4	10	20
계		56	29	15	100

① 부모 세대에서 하층 비율보다 상층 비율이 높다. O ☐ X ☐

② 자녀 세대의 하층 인구 중 부모와 계층이 일치하는 인구의 비율은 50%이다. O ☐ X ☐

③ 자녀 세대에서 부모와 계층이 일치하는 인구보다 세대 간 이동한 인구가 많다. O ☐ X ☐

④ 자녀 세대에서 세대 간 상승 이동한 인구가 세대 간 하강 이동한 인구보다 많다. O ☐ X ☐

⑤ 자녀 세대의 계층 구조보다 부모 세대의 계층 구조가 사회 통합의 실현에 유리하다. O ☐ X ☐

Answer

자녀 세대에서 부모와 계층이 일치하는 인구의 비율은 A가 (24/30)×100, B가 (20/50)×100, C가 (10/20)×100이다. 자녀 세대에서 부모와 계층이 일치하는 비율은 하층이 가장 높고 중층이 가장 낮으므로 A는 하층, B는 중층, C는 상층에 해당한다.

① 부모 세대에서 하층 비율은 56%, 상층 비율은 15%이다. [X]

② 자녀 세대의 하층 인구 중 부모와 계층이 일치하는 인구의 비율은 80%{=(24/30)×100}이다. [X]

③ 자녀 세대에서 부모와 계층이 일치하는 인구 비율은 54%이고, 세대 간 이동한 인구 비율은 46%이다. [X]

④ 자녀 세대 인구 중 세대 간 상승 이동한 인구 비율은 36%이고, 세대 간 하강 이동한 인구 비율은 10%이다. [O]

⑤ 부모 세대의 계층 구조는 피라미드형이고, 자녀 세대의 계층 구조는 다이아몬드형이다. [X]

다음은 갑국의 부모 세대와 자녀 세대의 계층을 조사하여 분석한 결과이다. 단, 계층은 상층, 중층, 하층으로만 구분하며, 모든 부모의 자녀는 1명씩이다.

〈전체 자녀 중 부모와 계층이 일치하는 자녀의 비율〉

부모와 자녀가 모두 상층인 경우	5%
부모와 자녀가 모두 중층인 경우	40%
부모와 자녀가 모두 하층인 경우	25%

〈부모 세대 계층 대비 부모 세대와 자녀 세대의 계층 불일치 비율〉

상층	50%
중층	0%
하층	50%

* 자녀 세대 중층에서 부모 세대와의 계층 일치 비율은 100%이다.

(단위: %)

자＼부	상	중	하	계
상				
중				
하				
계				

① 상층의 비율은 부모 세대가 자녀 세대보다 [높/낮]다.
② 부모 세대의 계층 구조는 [　　　]형, 자녀 세대의 계층 구조는 [　　　]형이다.
③ 세대 간 상승 이동 비율은 [　]%, 세대 간 하강 이동 비율은 [　]%이다.
④ 하층 부모를 둔 상층 자녀 수는 상층 부모를 둔 하층 자녀 수의 [　]배이다.
⑤ 자녀 세대 계층 대비 부모 세대와 자녀 세대의 계층 일치 비율은 상층이 하층보다 [높/낮]다.

ⓘ **Answer**

① 상층의 비율은 부모 세대가 자녀 세대보다 [낮]다.
② 부모 세대의 계층 구조는 [피라미드]형, 자녀 세대의 계층 구조는 [다이아몬드]형이다.
③ 세대 간 상승 이동 비율은 [25]%, 세대 간 하강 이동 비율은 [5]%이다.
④ 하층 부모를 둔 상층 자녀 수는 상층 부모를 둔 하층 자녀 수의 [5]배이다.
⑤ 자녀 세대 계층 대비 부모 세대와 자녀 세대의 계층 일치 비율은 상층이 (5/30)×100, 하층이 (25/30)×100으로, 상층이 하층보다 [낮]다.

(단위: %)

구분		부모 세대			계
		상층	중층	하층	
자녀 세대	상층	5	0	25	30
	중층	0	40	0	40
	하층	5	0	25	30
계		10	40	50	100

05 다음 자료는 갑국의 세대 간 계층 이동 현황을 나타낸 것이다. 이에 대한 분석으로 옳은 것은?

[2018학년도 수능 9월 모평 20번]

〈세대별 계층 간 상대적 비율〉

구분	부모 세대	자녀 세대
$\dfrac{상층+하층}{전체\ 계층}$	$\dfrac{1}{2}$	$\dfrac{4}{5}$
$\dfrac{상층}{중층+하층}$	$\dfrac{1}{4}$	$\dfrac{1}{3}$

〈자녀 세대 계층 대비 부모와 자녀 계층 일치의 상대적 비율〉

상층	중층	하층
$\dfrac{1}{5}$	$\dfrac{1}{2}$	$\dfrac{4}{11}$

* 모든 부모의 자녀는 1명이고, 갑국의 계층은 상층, 중층, 하층으로만 구분함.
** 상층 부모를 둔 하층 자녀 인구와 하층 부모를 둔 중층 자녀 인구의 비는 2 : 1임.

(단위: %)

부 자	상	중	하	계
상				
중				
하				
계				

① 세대 간 계층 일치 비율이 세대 간 계층 이동 비율보다 크다. O □ X □

② 부모 세대 계층 대비 부모와 자녀의 계층 일치 비율은 중층이 상층보다 크다. O □ X □

③ 부모 세대 계층 대비 부모와 자녀의 계층 불일치 비율은 하층이 상층보다 크다. O □ X □

④ 부모 세대 하층에서 자녀 세대 상층으로 이동한 인구와 자녀 세대 중층으로 이동한 인구는 같다. O □ X □

⑤ 갑국에서 부모 세대의 계층 구조는 다이아몬드형이고, 자녀 세대의 계층 구조는 피라미드형이다. O □ X □

Answer

① 세대 간 계층 일치 비율은 35%이고, 세대 간 계층 이동 비율은 65%이다.
[X]

② 부모 세대 계층 대비 부모와 자녀의 계층 일치 비율은 상층이 (5/20)× 100, 중층이 (10/50)×100, 하층이 (20/30)×100으로, 상층이 중층보다 크다. [X]

③ 부모 세대 계층 대비 부모와 자녀의 계층 불일치 비율은 상층이 (15/20)× 100, 중층이 (40/50)×100, 하층이 (10/30)×100으로, 상층이 하층보다 크다. [X]

④ 부모 세대 하층에서 자녀 세대 상층으로 이동한 인구 비율은 5%이고, 자녀 세대 중층으로 이동한 인구 비율도 5%이다. [O]

⑤ 부모 세대의 계층 구조는 중층 비율이 가장 높은 다이아몬드형이고, 자녀 세대의 계층 구조는 중층 비율이 가장 낮은 모래시계형이다. [X]

(단위: %)

구분		부모 세대			계
		상층	중층	하층	
자녀 세대	상층	5	15	5	25
	중층	5	10	5	20
	하층	10	25	20	55
계		20	50	30	100

5 비율 적용 (3) 인구 부양비

인구 부양비란 부양 인구에 대한 피부양 인구의 비율이야. 부양 인구란 15세부터 64세 인구로 생산 연령 인구를 말하고, 피부양 인구는 15세 미만의 유소년 인구와 65세 이상의 노년 인구를 의미해. 각 인구 집단의 상대적 크기를 비교하면 유소년 부양비, 노년 부양비, 노령화 지수 등 다양한 지표를 구할 수 있어.

2021년 3월 학평 18번 문제는 유소년 부양비, 노년 부양비와 이 둘을 더한 총부양비를 구하도록 하고 있지. 물론 노령화 지수와 같이 유소년 인구에 대한 노년 인구의 상대적 크기도 파악할 수 있어.

표는 갑국의 15~64세 인구(부양 인구) 100명당 각 연령대별 인구를 나타낸 것이다. 단, 15~64세 인구는 2020년이 1970년의 2배이다.

(단위: 명)

구분	1970년	2020년
0~14세 인구	20	20
65세 이상 인구	20	40

* 유소년 부양비 = (0~14세 인구/15~64세 인구)×100
** 노년 부양비 = (65세 이상 인구/15~64세 인구)×100
*** 노령화 지수 = (65세 이상 인구/0~14세 인구)×100

위의 자료를 활용하여 1970년과 2020년의 유소년 부양비, 노년 부양비, 노령화 지수를 구해 볼까? 주어진 정보를 활용하여 각 인구 집단의 크기를 다음과 같이 설정할 수 있어.

구분	1970년	2020년
유소년 인구(0~14세)	20	40
부양 인구(15~64세)	100	200
노년 인구(65세 이상)	20	80

이에 따라 유소년 부양비는 1970년이 20{=(20/100)×100}, 2020년이 20{=(40/200)×100}으로 같아. 노년 부양비는 1970년이 20{=(20/100)×100}, 2020년이 40{=(80/200)×100}이지. 결국은 비율 계산이라는 거 알았겠지? ^^ 노령화 지수는 유소년 인구 대비 노년 인구의 비율로 1970년이 100{=(20/20)×100}, 2020년이 200{=(80/40)×100이므로 2020년이 1970년보다 크다는 것도 알 수 있어.

06 다음 자료에 대한 분석으로 옳은 것은? [3점]　　　　　　　　　　　　　　　　　[2024학년도 수능 20번]

표는 갑국과 을국의 인구 구조 변화를 비교한 것이다. t년 대비 t+50년에 갑국의 전체 인구는 10% 감소하였고, 을국의 전체 인구는 20% 감소하였다. 단, t년에 갑국과 을국의 전체 인구는 동일하다.

(단위: %)

구분	갑국		을국	
	t년	t+50년	t년	t+50년
합계 출산율(명)	4.2	1.8	1.5	0.9
전체 인구 대비 15~64세 인구 비율(%)	50	60	50	55
노령화 지수	25	100	150	200

* 합계 출산율: 여성 1명이 가임 기간(15~49세) 동안 낳을 것으로 예상되는 평균 출생아 수

** 노령화 지수 = $\dfrac{\text{노년 인구(65세 이상 인구)}}{\text{유소년 인구(0~14세 인구)}} \times 100$

*** 전체 인구 중 65세 이상 인구가 차지하는 비율이 20% 이상인 사회를 초고령 사회라고 함.

① t년과 t+50년 [　　　]국은 [　　　]국에 비해 저출산 현상이 강하게 나타난다.
② t년과 t+50년에 을국은 모두 [　　　] 사회이다.
③ t년 대비 t+50년 갑국의 노령화 지수 증가율은 [　　　]%이다.
④ t년에 을국의 유소년 인구는 t+50년에 갑국의 유소년 인구보다 [많/적]다.
⑤ t년에 노년 인구는 을국이 갑국의 [　　　]배이다.

Answer

제시된 자료를 통해 갑국과 을국의 t년과 t+50년의 인구 구성을 나타내면 다음과 같다.

(단위: %)

구분	갑국		을국	
	t년	t+50년	t년	t+50년
유소년 인구(0~14세 인구)	40	20	20	15
부양 인구(15~64세 인구)	50	60	50	55
노년 인구(65세 이상 인구)	10	20	30	30
계	100	100	100	100

① t년과 t+50년 모두 합계 출산율은 을국이 갑국보다 낮다. 따라서 t년과 t+50년 모두 [을]국은 [갑]국에 비해 저출산 현상이 강하게 나타난다.
② 을국은 t년과 t+50년 모두 [초고령] 사회이다.
③ t년 대비 t+50년 갑국의 노령화 지수 증가율은 [300]%{=(75/25)×100}이다.
④ 갑국과 을국의 t년 전체 인구를 각각 100명이라고 하면, t+50년 전체 인구는 갑국이 90명, 을국이 80명이다. 따라서 t년에 을국의 유소년 인구는 20명으로, t+50년에 갑국의 유소년 인구인 18명보다 [많]다.
⑤ 갑국과 을국의 t년 전체 인구를 각각 100명이라고 하면, t년에 노년 인구는 을국(30명)이 갑국(10명)의 [3]배이다.

07 다음 자료에 대한 분석으로 옳은 것은? (단, A~C는 각각 유소년 인구, 부양 인구, 노년 인구 중 하나임.) [3점]

[2023년 4월 학평 20번]

그림은 갑국과 을국의 A~C의 상대적인 비(比)를 나타낸다. 단, 갑국 유소년 인구는 을국 노년 인구의 2배이고, 갑국 전체 인구는 을국 전체 인구의 2배이다.

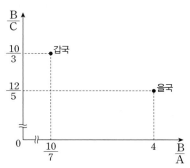

* 노령화 지수 $= \dfrac{\text{노년 인구(65세 이상 인구)}}{\text{유소년 인구(0~14세 인구)}} \times 100$

** 총부양비 $= \dfrac{\text{유소년 인구 + 노년 인구}}{\text{부양 인구(15~64세 인구)}} \times 100$

*** 전체 인구 중에서 노년 인구의 비율이 7% 이상이면 고령화 사회, 14% 이상이면 고령 사회, 20% 이상이면 초고령 사회임.

① A는 [   ] 인구, B는 [   ] 인구, C는 [   ] 인구이다.

② 갑국과 을국 모두 부양 인구가 노년 인구보다 [많/적]다.

③ 총부양비는 갑국이 을국에 비해 [크/작]다.

④ 노령화 지수는 을국이 갑국에 비해 [높/낮]다.

⑤ 갑국은 [   ] 사회, 을국은 [   ] 사회이다.

🛈 **Answer**

을국의 전체 인구를 100명이라고 하면, 제시된 자료를 바탕으로 갑국과 을국의 연령대별 인구 현황은 다음과 같이 나타낼 수 있다.

구분	갑국		을국	
	비율(%)	인구(명)	비율(%)	인구(명)
유소년 인구	15	30	25	25
부양 인구	50	100	60	60
노년 인구	35	70	15	15
전체 인구	100	200	100	100

① A는 [노년] 인구, B는 [부양] 인구, C는 [유소년] 인구이다.

② 갑국과 을국 모두 부양 인구가 노년 인구보다 [많]다.

③ 총부양비는 갑국이 100, 을국이 약 66.7이므로 갑국이 을국에 비해 [크]다.

④ 노령화 지수는 갑국이 약 233, 을국이 60이므로 을국이 갑국에 비해 [낮]다.

⑤ 갑국의 경우 노년 인구 비율이 35%이므로 [초고령] 사회이고, 을국의 경우 노년 인구 비율이 15%이므로 [고령] 사회이다.

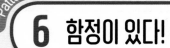
6 함정이 있다!

　　2012학년도 수능 9월 모평 15번 문제는 <60세 이상 인구를 대상으로 노인 문제에 대해 조사한 결과>를 분석하는 거야. 응답 결과를 보면 도시 거주 노인의 15%는 실업을 가장 어려운 문제로 골랐어. 조금만 생각해 보면 'ㄱ. 도시 거주 노인의 15%는 직업이 없다.'라는 선지가 틀렸다는 것을 알 수 있어. 상당히 그럴듯해. 순간 함정에 빠질 수도 있거든.

- 설문 내용: '귀하가 겪고 있는 가장 어려운 문제를 하나만 고르시오.'
- 응답 결과

(단위: %)

구분		경제적 어려움	소외감	건강 문제	실업	경로 의식 약화	노인 복지 시설 부족	계
지역	도시	40.2	16.5	22.6	15.0	1.4	4.3	100.0
	농촌	45.2	4.5	30.7	7.3	7.8	4.5	100.0
성별	남	46.9	8.0	23.0	4.8	1.3	16.0	100.0
	여	40.7	12.5	30.4	7.3	1.3	7.8	100.0

ㄱ. 도시 거주 노인의 15%는 직업이 없다.

　　60세 이상 인구 중 가장 어려운 문제를 실업이라고 골랐을 뿐, 15%가 직업이 없다고 단정할 수는 없지. 어떤 노인은 현재 직업이 없지만 연금으로 생활하고 있어 자신이 겪고 있는 가장 어려운 문제로 '소외감' 혹은 '건강 문제', '경로 의식 약화' 등을 골랐을 수도 있거든.

　　함정에 빠지지 않을 각오로! 다른 함정들을 찾아보기로 하자.

01 표는 인구의 고령화와 관련된 설문 조사 결과를 나타낸 것이다. 이에 대한 분석으로 옳은 것은? [3점]

[2020년 3월 학평 15번]

〈인구의 고령화가 초래할 가장 심각한 문제〉

(단위: %)

구분	노인 빈곤	노동력 부족	세대 갈등	재정 악화	기타	계
여자	32.2	28.6	13.4	20.6	5.2	100
남자	30.8	34.6	10.0	19.6	5.0	100

⑤ 남자 응답자 10명 중 9명은 세대 갈등을 인구의 고령화가 초래할 문제로 보지 않는다. O □ X □

02 표에 대한 분석으로 옳은 것은? [3점]

[2019년 4월 학평 15번]

〈갑국의 다문화 가정 학생 현황〉

(단위: %)

구분		2016년	2017년	2018년
전년 대비 다문화 가정 학생 수 변화율		0	−2.0	2.0
전체 학생 중 다문화 가정 학생 비율		1.7	1.8	1.9
다문화 가정 학생의 학교급별 구성비	초등학교	78.3	79.1	81.5
	중학교	16.8	15.9	13.3
	고등학교	4.9	5.0	5.2
	계	100	100	100

* 갑국의 초·중·고교 재학생을 전수 조사한 결과임.

④ 2017년 초등학교에 재학 중인 다문화 가정 학생 수는 전체 초등학생 수의 과반이다. O □ X □

🛈 Answer

01

⑤ 인구 고령화가 초래할 가장 심각한 문제를 질문하였으므로 남자 응답자 중 90%가 세대 갈등을 인구의 고령화가 초래할 문제로 보지 않는다고 단정할 수 없다. [X]

02

④ 2017년 초등학교에 재학 중인 다문화 가정 학생은 전체 다문화 가정 학생의 79.1%이다. [X]

03 다음 자료에 대한 분석으로 옳은 것은? [3점]

표는 갑국의 정보 격차* 경험자의 학력별, 성별 비율을 나타낸 것이다. 단, 갑국은 농촌과 도시로만 이루어져 있으며 정보 격차 경험자 수는 도시가 농촌의 2배이다.

(단위: %)

구분	학력			성별	
	중졸 이하	고졸	대졸 이상	남성	여성
농촌	50	15	35	40	60
도시	50	25	25	30	70

* 정보 격차: 학력, 성별, 지역 등의 차이로 인해 정보에 대한 접근과 이용의 격차가 나타나는 현상

① 도시 전체 인구는 농촌 전체 인구의 2배이다.   O ☐ X ☐

🛈 **Answer**

① 제시된 표는 정보 격차 경험자의 학력별, 성별 비율을 나타낸 것이므로 도시 전체 인구와 농촌 전체 인구는 알 수 없다. [X]

04　자료에 대한 분석으로 옳은 것은? [3점]　　　　　　　　　　　　　**[2021년 3월 학평 18번]**

> 표는 갑국의 15~64세 인구(부양 인구) 100명당 각 연령대별 인구를 나타낸 것이다. 단, 15~64세 인구는 2020년이 1970년의 2배이다.
>
> (단위: 명)
>
> | 구분 | 1970년 | 2020년 |
> |---|---|---|
> | 0~14세 인구 | 20 | 20 |
> | 65세 이상 인구 | 20 | 40 |
>
> * 유소년 부양비=(0~14세 인구/15~64세 인구)×100
> ** 노년 부양비=(65세 이상 인구/15~64세 인구)×100
> *** 노령화 지수=(65세 이상 인구/0~14세 인구)×100

⑤ 2020년에 부양 인구가 부담하는 노년 인구 부양 비용은 유소년 인구 부양 비용의 2배이다.　O ☐　X ☐

(i) **Answer**

⑤ 인구 부양비는 부양 인구(15~64세 인구) 대비 유소년 인구(0~14세 인구)와 노년 인구(65세 이상 인구)의 상대적인 비를 나타내는 것으로, 경제적 비용을 의미하는 것이 아니다. [X]

05 다음 자료를 통해 참 또는 거짓으로 진위 여부를 판단할 수 있는 진술만을 〈보기〉에서 있는 대로 고른 것은?

[2018학년도 수능 15번]

〈갑국의 지역별, 계층별 학생 1인당 월 평균 교육비〉

(단위: 만 원)

구분	연도	2010년	2013년	2016년
전체		24.0	23.9	25.6
지역	도시	26.6	27.1	29.0
	농촌	22.1	21.5	23.2
계층	상층	45.3	39.6	41.6
	중층	24.6	23.4	23.4
	하층	9.2	10.0	8.8

 * 갑국의 모든 학생을 대상으로 조사하였으며 무응답은 없음.
** 지역은 도시와 농촌으로만, 계층은 상층, 중층, 하층으로만 구분함.

ㄴ. 2010년부터 2016년까지 농촌 지역에서는 학생 1인당 월 평균 교육비가 지속적으로 증가하였다.   O ☐ X ☐

(i) **Answer**

ㄴ. 농촌 지역 학생 1인당 월 평균 교육비는 2010년에 비해 2013년이 작다. 따라서 해당 진술은 틀렸다고 판단할 수 있기 때문에 진
위 여부를 판단할 수 있다. [O]

06 다음 자료에 대한 옳은 설명만을 〈보기〉에서 고른 것은? [3점]　　　**[2024학년도 수능 6월 모평 15번]**

갑국은 정부 예산만을 재원으로 경제적 형편이 어려운 노인에게 급여를 지급하는 우리나라의 연금 제도와 같은 ㉠ ○○연금 제도를 도입하고자 한다. 연금 지급액을 놓고 A안과 B안을 검토 중인데, 다음은 ○○연금 제도 시행 전의 상대적 빈곤율과 A안 또는 B안을 시행할 경우 예상되는 상대적 빈곤율을 제시한 표의 일부이다. 제도 시행 전후의 상대적 빈곤율은 현재 시점의 노인 가구를 기준으로 계산한 것이다.

가구 형태	가구 수 (만 가구)	상대적 빈곤율(%)		
		제도 시행 전	제도 시행 후	
			A안	B안
1인 가구	100	50	25	20
부부 가구	200	40	20	15
기타 가구				

* 갑국의 노인 가구는 1인 가구(65세 이상 노인 1명), 부부 가구(65세 이상 노인 2명) 및 기타 가구로 구분됨.
** 상대적 빈곤율은 가구 소득이 정부가 가구 형태별로 결정한 일정 금액 미만인 가구의 비율임.

ㄹ. 상대적 빈곤에 해당하는 부부 가구 인구는 A안을 시행할 경우가 B안을 시행할 경우보다 10만 명 많다.

O □　X □

ⓘ **Answer**

ㄹ. 상대적 빈곤에 해당하는 부부 가구는 A안을 시행할 경우 40만 가구, B안을 시행할 경우 30만 가구이다. 부부 가구 인구는 2명이므로 상대적 빈곤에 해당하는 부부 가구 인구는 A안을 시행할 경우 80만 명, B안을 시행할 경우 60만 명이다. 따라서 상대적 빈곤에 해당하는 부부 가구 인구는 A안을 시행할 경우가 B안을 시행할 경우보다 20만 명 많다. [X]

Part 2

완전체 적용

1 사회 계층 구조, 사회 이동

01

24671-0001

그림은 갑국의 세대별 계층 구성 비율을 나타낸 것이다. 이에 대한 옳은 분석만을 〈보기〉에서 고른 것은?

[2024학년도 수능 6월 모평 11번]

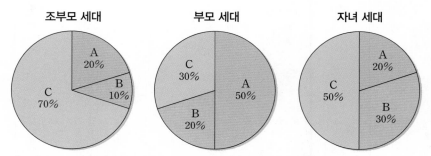

* 계층은 A, B, C로 구분되며, A~C는 각각 상층, 중층, 하층 중 하나임.
** 조부모 세대의 계층 구조는 피라미드형이고, 각 세대의 인구는 동일함.

┌ **보기** ├───

ㄱ. 조부모 세대에서 하층 인구는 상층 인구의 2배이다.
ㄴ. 상층 인구는 조부모, 부모, 자녀 세대로 갈수록 증가한다.
ㄷ. 부모 세대의 계층 구조는 조부모 세대의 계층 구조에 비해 사회 통합에 불리하다.
ㄹ. 부모 세대의 계층 구조는 다이아몬드형, 자녀 세대의 계층 구조는 모래시계형이다.

① ㄱ, ㄴ   ② ㄱ, ㄷ   ③ ㄴ, ㄷ   ④ ㄴ, ㄹ   ⑤ ㄷ, ㄹ

ⓘ **Answer**

정답 해설   조부모 세대의 계층 구조는 피라미드형이다. 피라미드형 계층 구조는 상층 비율이 가장 낮고, 하층 비율이 가장 높다. 따라서 A는 중층, B는 상층, C는 하층이다.

ㄴ. 조부모 세대, 부모 세대, 자녀 세대의 인구는 동일하며, 상층 비율은 조부모 세대가 10%, 부모 세대가 20%, 자녀 세대가 30%이다. 따라서 상층 인구는 조부모 세대, 부모 세대, 자녀 세대로 갈수록 증가한다.

ㄹ. 부모 세대의 계층 구조는 중층 비율이 가장 높은 다이아몬드형이고, 자녀 세대의 계층 구조는 중층 비율이 가장 낮은 모래시계형이다.

오답 피하기   ㄱ. 조부모 세대에서 하층 인구는 상층 인구의 7배이다.

ㄷ. 다이아몬드형인 부모 세대의 계층 구조가 피라미드형인 조부모 세대의 계층 구조에 비해 사회 통합에 유리하다.

02 다음 자료에 대한 설명으로 옳은 것은? [3점]   [2023학년도 수능 9월 모평 18번]

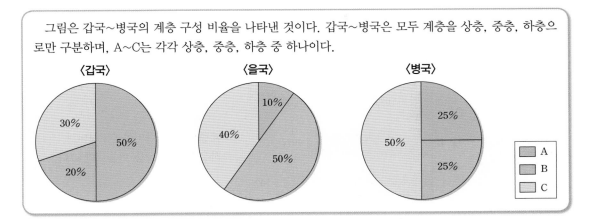

그림은 갑국~병국의 계층 구성 비율을 나타낸 것이다. 갑국~병국은 모두 계층을 상층, 중층, 하층으로만 구분하며, A~C는 각각 상층, 중층, 하층 중 하나이다.

① A가 상층이고 B가 중층이라면, 병국의 계층 구조는 을국의 계층 구조보다 사회 통합에 유리하다.
② B가 하층이고 C가 상층이라면, 을국의 계층 구조는 갑국의 계층 구조보다 계층 양극화로 인한 문제가 발생할 가능성이 높다.
③ 갑국의 계층 구조가 모래시계형이라면, 을국과 병국은 모두 중층 비율이 가장 작다.
④ 을국의 계층 구조가 피라미드형이라면, 병국에서 상층 비율과 중층 비율은 동일하다.
⑤ 병국의 계층 구조가 다이아몬드형이고 B가 하층이라면, 을국의 중층 비율은 갑국의 상층 비율보다 크다.

ⓘ **Answer**

정답 해설 ② B가 하층이고 C가 상층이라면, 갑국의 계층 구조는 다이아몬드형, 을국의 계층 구조는 모래시계형이다. 모래시계형 계층 구조는 다이아몬드형 계층 구조보다 계층 양극화로 인한 문제가 발생할 가능성이 높다.

오답 피하기 ① A가 상층이고 B가 중층이라면, 을국은 중층 비율이 가장 크고, 병국은 하층 비율이 가장 크다. 따라서 을국의 계층 구조가 병국의 계층 구조보다 사회 통합에 유리하다.
③ 갑국의 계층 구조가 모래시계형이라면, B는 중층이다. 을국은 중층 비율이 가장 크다.
④ 을국의 계층 구조가 피라미드형이라면, A는 상층, B는 하층, C는 중층이다. 병국에서 상층 비율은 25%, 중층 비율은 50%이다. 따라서 병국에서 상층 비율은 중층 비율보다 작다.
⑤ 병국의 계층 구조가 다이아몬드형이고 B가 하층이라면, A는 상층, C는 중층이다. 갑국의 상층 비율은 50%이고, 을국의 중층 비율은 40%이다. 따라서 을국의 중층 비율은 갑국의 상층 비율보다 작다.

03 다음 자료에 대한 분석으로 옳은 것은?

24671-0003

[2023학년도 수능 12번]

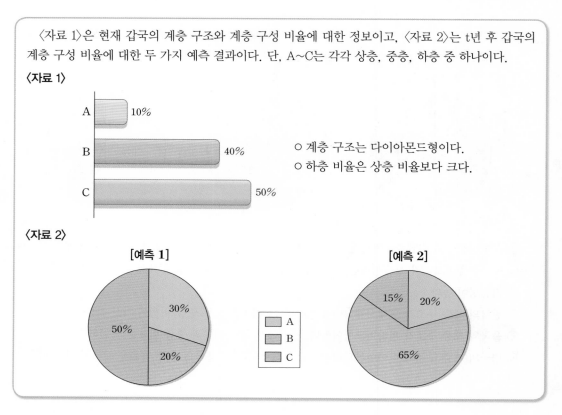

〈자료 1〉은 현재 갑국의 계층 구조와 계층 구성 비율에 대한 정보이고, 〈자료 2〉는 t년 후 갑국의 계층 구성 비율에 대한 두 가지 예측 결과이다. 단, A~C는 각각 상층, 중층, 하층 중 하나이다.

〈자료 1〉

A 10%
B 40%
C 50%

○ 계층 구조는 다이아몬드형이다.
○ 하층 비율은 상층 비율보다 크다.

〈자료 2〉

[예측 1]
30%
20%
50%

A
B
C

[예측 2]
15% 20%
65%

① [예측 1]대로 된 경우의 중층 비율은 현재의 중층 비율보다 크다.
② [예측 1]대로 된 경우의 상층 비율은 현재의 상층 비율의 2배이다.
③ [예측 2]대로 된 경우의 계층 구조는 피라미드형이다.
④ [예측 2]대로 된 경우의 하층 비율은 [예측 2]대로 된 경우의 중층 비율의 4배보다 크다.
⑤ [예측 2]대로 된 경우의 중층 비율은 [예측 1]대로 된 경우의 상층 비율의 2배보다 크다.

정답 해설 다이아몬드형 계층 구조에서는 중층 비율이 가장 크므로 C는 중층이다. 갑국의 경우 하층 비율이 상층 비율보다 크므로 A는 상층, B는 하층이다. 제시된 자료를 바탕으로 갑국의 현재, [예측 1], [예측 2]의 계층 구성 비율을 나타내면 다음과 같다.

(단위: %)

구분	현재	[예측 1]	[예측 2]
상층(A)	10	30	20
중층(C)	50	50	15
하층(B)	40	20	65

④ [예측 2]대로 된 경우의 하층 비율(65%)은 [예측 2]대로 된 경우의 중층 비율(15%)의 4배보다 크다.

오답 피하기 ① [예측 1]대로 된 경우의 중층 비율(50%)은 현재의 중층 비율(50%)과 동일하다.

② [예측 1]대로 된 경우의 상층 비율(30%)은 현재의 상층 비율(10%)의 3배이다.

③ [예측 2]대로 된 경우의 계층 구조는 모래시계형이다.

⑤ [예측 2]대로 된 경우의 중층 비율(15%)은 [예측 1]대로 된 경우의 상층 비율(30%)의 1/2배이다.

04

24671-0004

다음 자료에 대한 옳은 분석만을 〈보기〉에서 고른 것은? [3점]

[2024학년도 수능 9월 모평 11번]

표는 갑국~병국의 계층 구성 비율을 나타낸 것이다. 모래시계형 계층 구조에서는 A의 비율이 가장 낮다. 단, 갑국~병국의 계층 구조는 각각 피라미드형, 다이아몬드형, 모래시계형 중 하나이다.

(단위 : %)

구분	갑국	을국	병국
A	30	20	50
B	20	30	20
C	50	50	30

* 계층은 A, B, C로만 구분되며, A~C는 각각 상층, 중층, 하층 중 하나임.

┌ 보기 ├

ㄱ. 갑국은 병국과 달리 폐쇄적 계층 구조가 나타난다.

ㄴ. 병국의 계층 구조는 을국의 계층 구조에 비해 사회 안정성이 높다.

ㄷ. 갑국과 병국은 모두 해당 국가에서 상층 인구가 가장 적다.

ㄹ. 을국의 계층 구조는 갑국, 병국의 계층 구조와 달리 주로 근대 이후의 산업 사회에서 나타난다.

① ㄱ, ㄴ   ② ㄱ, ㄷ   ③ ㄴ, ㄷ   ④ ㄴ, ㄹ   ⑤ ㄷ, ㄹ

(ℹ) **Answer**

정답 해설 모래시계형 계층 구조에서 가장 낮은 비율을 차지하는 계층은 중층이다. 따라서 A는 중층이고, 을국의 계층 구조는 모래시계형이다. 다이아몬드형 계층 구조에서는 중층 비율이 가장 높으므로 병국의 계층 구조는 다이아몬드형이다. 따라서 갑국의 계층 구조는 피라미드형이고, 피라미드형 계층 구조에서는 상층 비율이 가장 낮고 하층 비율이 가장 높으므로 B는 상층, C는 하층이다.

ㄴ. 다이아몬드형 계층 구조는 모래시계형 계층 구조에 비해 사회 안정성이 높다.

ㄷ. 갑국과 병국 모두 해당 국가에서 상층 비율이 가장 낮으므로 상층 인구가 가장 적다.

오답 피하기 ㄱ. 계층 구성 비율만으로는 개방적 계층 구조인지 폐쇄적 계층 구조인지 알 수 없다.

ㄹ. 근대 이후의 산업 사회에서 주로 나타나는 계층 구조는 병국의 계층 구조인 다이아몬드형이다.

05 24671-0005

그림은 갑국과 을국의 시기별 계층 구성 비율을 나타낸다. 이에 대한 분석으로 옳은 것은?

[2023학년도 수능 6월 모평 12번]

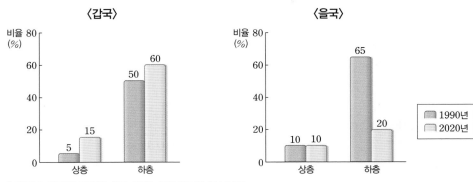

* 갑국과 을국의 계층은 상층, 중층, 하층으로만 구성된다.

① 갑국의 계층 구조는 피라미드형에서 모래시계형으로 변화하였다.

② 갑국은 을국과 달리 폐쇄적 계층 구조이다.

③ 갑국은 을국에 비해 상승 이동이 더 많이 나타났다.

④ 을국은 갑국과 달리 사회 안정성이 높은 계층 구조로 변화하였다.

⑤ 1990년 중층 대비 상층의 비는 갑국이 을국보다 크다.

🛈 **Answer**

정답 해설 제시된 자료를 바탕으로 갑국과 을국의 연도별 계층 구성 비율을 나타내면 다음과 같다.

(단위: %)

구분	갑국		을국	
	1990년	2020년	1990년	2020년
상층	5	15	10	10
중층	45	25	25	70
하층	50	60	65	20

④ 을국은 갑국과 달리 중층 비율이 가장 높은 다이아몬드형 계층 구조로 변화하였다. 다이아몬드형 계층 구조는 사회 안정성이 높다.

오답 피하기 ① 1990년과 2020년에 갑국의 계층 구조는 모두 피라미드형이다.

② 제시된 자료만으로는 갑국과 을국의 계층 구조가 폐쇄적 계층 구조인지 알 수 없다.

③ 제시된 자료만으로는 갑국이 을국에 비해 상승 이동이 더 많이 나타났는지 알 수 없다.

⑤ 1990년 중층 대비 상층의 비는 갑국의 경우 5/45, 을국의 경우 10/25이다. 따라서 1990년 중층 대비 상층의 비는 을국이 갑국보다 크다.

24671-0006

06 다음 자료에 대한 분석으로 옳은 것은? [3점]

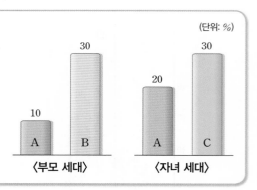

그림은 갑국의 세대별 계층 구성 비율을 나타낸 것이다. A~C는 각각 상층, 중층, 하층 중 하나이며, 갑국의 계층은 이들로만 구성된다. 부모 세대의 계층 구조는 피라미드형이며, 부모 세대의 각 계층에서 50%씩은 자녀 세대로 계층이 대물림되었다.

① A는 하층이고, C는 상층이다.

② 자녀 세대의 계층 구조는 피라미드형이다.

③ 세대 간 상승 이동을 한 중층 자녀는 없다.

④ 세대 간 상승 이동이 세대 간 하강 이동보다 많다.

⑤ 자녀 세대는 부모 세대와 달리 개방적 계층 구조가 나타난다.

🛈 **Answer**

정답 해설 A는 상층, B는 중층, C는 하층이다. 제시된 자료를 바탕으로 갑국의 세대별 계층 구성 비율을 나타내면 다음과 같다.

(단위: %)

구분		부모 세대			계
		상층	중층	하층	
자녀 세대	상층	5	15	0	20
	중층	5	15	30	50
	하층	0	0	30	30
계		10	30	60	100

④ 세대 간 상승 이동 비율은 전체 자녀의 45%, 세대 간 하강 이동 비율은 전체 자녀의 5%이다.

오답 피하기 ① A는 상층이고, C는 하층이다.

② 자녀 세대의 계층 구조는 다이아몬드형이다.

③ 세대 간 상승 이동을 한 중층 자녀의 비율은 전체 자녀의 30%이다.

⑤ 제시된 자료만으로는 계층 이동 가능성의 제한 유무를 파악할 수 없다.

07 다음 자료에 대한 옳은 분석만을 〈보기〉에서 고른 것은? [3점]　　　　　　　[2023년 3월 학평 19번]

(가)는 t년, (나)는 t+100년에 갑국의 자녀 세대를 전수 조사하여 세대 간 계층 이동 현황을 나타낸 것이다. 계층은 상층, 중층, 하층으로만 구분된다.

(가)

구분		부모 세대		
		상층	중층	하층
자녀 세대	상층			
	중층			
	하층			

(나)

구분		부모 세대		
		상층	중층	하층
자녀 세대	상층			
	중층			
	하층			

* ■의 면적은 해당 계층에 속한 사람 수를 나타낸 것이며, 각 ■의 면적은 (가), (나) 모두에서 동일함.

보기

ㄱ. (가)는 세대 간 이동이 계층 대물림보다 많다.
ㄴ. (나)는 세대 간 하강 이동이 세대 간 상승 이동보다 적다.
ㄷ. (나)에서 자녀 세대의 인구는 (가)의 2배이다.
ㄹ. (가)와 (나) 모두 자녀 세대에서는 다이아몬드형 계층 구조가 나타난다.

① ㄱ, ㄴ　　　② ㄱ, ㄷ　　　③ ㄴ, ㄷ　　　④ ㄴ, ㄹ　　　⑤ ㄷ, ㄹ

ⓘ **Answer**

정답 해설 ㄴ. (나)의 경우 세대 간 하강 이동한 ■의 수는 5개이고, 세대 간 상승 이동한 ■의 수는 8개이다. 따라서 (나)는 세대 간 하강 이동이 세대 간 상승 이동보다 적다.
ㄷ. (가)의 경우 전체 ■의 수는 12개이고, (나)의 경우 전체 ■의 수는 24개이다. 따라서 (나)에서 자녀 세대의 인구는 (가)의 2배이다.

오답 피하기 ㄱ. (가)의 경우 전체 ■의 수는 12개이고, 계층을 대물림한 ■의 수는 6개이며, 세대 간 이동을 한 ■의 수는 6개이다. 따라서 (가)는 세대 간 이동과 계층 대물림이 같다.
ㄹ. (가)의 경우 자녀 세대에서 ■의 수는 상층이 2개, 중층이 4개, 하층이 6개이므로 자녀 세대에서 피라미드형 계층 구조가 나타난다. (나)의 경우 자녀 세대에서 ■의 수는 상층이 6개, 중층이 10개, 하층이 8개이므로 자녀 세대에서 다이아몬드형 계층 구조가 나타난다.

08 24671-0008

다음 자료는 갑국과 을국의 세대 간 계층 이동 현황을 나타낸 것이다. 이에 대한 분석으로 옳은 것은? (단, 계층은 상층, 중층, 하층으로만 구분된다.) [3점]

[2022학년도 수능 16번]

〈갑국〉

구분		부모 세대		
		상층	중층	하층
자녀 세대	상층	■		
	중층		■	■
	하층	■		

〈을국〉

구분		부모 세대		
		상층	중층	하층
자녀 세대	상층	■		■
	중층		■	
	하층	■	■	■

* ■의 면적은 해당 계층에 속한 사람 수를 나타낸 것이며, 각 ■의 면적은 동일함.

① 갑국에서는 세대 간 상승 이동이 세대 간 하강 이동보다 많다.

② 을국에서는 세대 간 이동이 계층 대물림보다 많다.

③ 부모 세대의 경우, 을국의 계층 구조가 갑국에 비해 사회 통합에 유리하다.

④ 자녀 세대의 경우, 갑국의 계층 구조는 모래시계형이고 을국의 계층 구조는 피라미드형이다.

⑤ 갑국에서는 개방적 계층 구조가, 을국에서는 폐쇄적 계층 구조가 나타난다.

Answer

정답 해설 ④ 갑국의 경우 자녀 세대의 계층 구조는 중층의 수가 가장 적은 모래시계형이고, 을국의 경우 자녀 세대의 계층 구조는 계층이 내려갈수록 그 수가 많아지므로 피라미드형이다.

오답 피하기 ① 갑국에서 세대 간 상승 이동에 해당하는 ■의 수는 2개이고, 세대 간 하강 이동에 해당하는 ■의 수는 3개이다.

② 을국에서 세대 간 이동에 해당하는 ■의 수는 4개이고, 계층 대물림에 해당하는 ■의 수는 6개이다.

③ 갑국의 경우 부모 세대의 계층 구조는 다이아몬드형이고, 을국의 경우 부모 세대의 계층 구조는 피라미드형이다. 사회 통합에 유리한 계층 구조는 다이아몬드형이다. 따라서 부모 세대의 경우, 갑국의 계층 구조가 을국에 비해 사회 통합에 유리하다.

⑤ 갑국과 을국 모두에서 세대 간 이동이 나타나므로 개방적 계층 구조가 나타난다.

09 다음 자료에 대한 분석으로 옳은 것은? [3점]

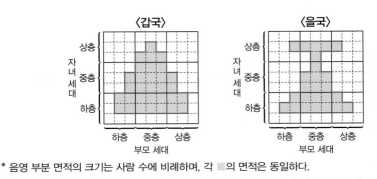

그림은 갑국과 을국의 자녀 세대를 대상으로 본인의 계층과 본인의 어머니 또는 아버지의 계층을 전수 조사한 것이다. 계층은 상층, 중층, 하층으로만 구성된다. 부모 세대에서 부부의 계층은 동일하며, 모든 부모의 자녀는 1명씩이다.

* 음영 부분 면적의 크기는 사람 수에 비례하며, 각 ■의 면적은 동일하다.

① 갑국은 을국과 달리 세대 간 상승 이동이 나타났다.
② 을국은 갑국과 달리 세대 간 하강 이동이 나타났다.
③ 갑국의 자녀 세대에서는 피라미드형 계층 구조가 나타나고, 을국의 자녀 세대에서는 모래시계형 계층 구조가 나타난다.
④ 갑국과 을국 모두 부모 세대에서는 다이아몬드형 계층 구조가 나타난다.
⑤ 갑국과 을국 모두 부모의 계층을 대물림 받은 자녀는 하층에서 가장 많다.

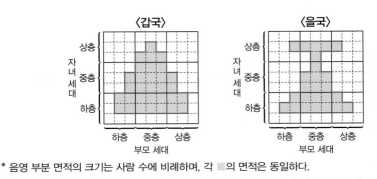 **Answer**

정답 해설 ④ 부모 세대의 경우 갑국과 을국 모두에서 중층 비율이 가장 높은 다이아몬드형 계층 구조가 나타난다.
오답 피하기 ① 갑국과 을국 모두에서 세대 간 상승 이동이 나타났다.
　　　　　　② 갑국과 을국 모두에서 세대 간 하강 이동이 나타났다.
　　　　　　③ 자녀 세대의 경우 갑국과 을국 모두에서 하층 비율이 가장 높고 상층 비율이 가장 낮은 피라미드형 계층 구조가 나타난다.
　　　　　　⑤ 갑국과 을국 모두 부모의 계층을 대물림 받은 자녀가 가장 많은 계층은 중층이다.

24671-0010

10 다음 자료에 대한 분석으로 옳은 것은? [3점]

> 표는 갑국과 을국의 세대 간 계층 이동 현황을 나타낸 것이다. C에서 A로의 이동은 하강 이동이고, C에서 B로의 이동은 상승 이동이다. 단, 계층은 A, B, C로만 구분되고, A~C는 각각 상층, 중층, 하층 중 하나이다.

〈갑국〉

구분		부모 세대		
		A	B	C
자녀 세대	A	●●	●	●●●
	B	●● ●●	●●	
	C	●●●	●	●●

〈을국〉

구분		부모 세대		
		A	B	C
자녀 세대	A	●●●	●	●●● ●●●
	B	●	●●	●●●●
	C	●●	●	●

* ●는 해당 계층 사람의 수를 나타낸 것이며, 각 ●가 나타내는 사람의 수는 동일함.

① 갑국은 자녀 세대에서 완전 평등한 계층 구조를 이루었다.
② 을국의 자녀 세대에서 중층인 사람의 수는 갑국의 부모 세대에서 상층인 사람의 수보다 많다.
③ 갑국은 을국과 달리 부모 세대 중층에서 세대 간 하강 이동이 발생하지 않았다.
④ 갑국은 개방적 계층 구조, 을국은 폐쇄적 계층 구조이다.
⑤ 갑국의 부모 세대 계층 구조는 피라미드형, 을국의 자녀 세대 계층 구조는 모래시계형이다.

(i) Answer

정답 해설 A는 하층, B는 상층, C는 중층이다.
⑤ 갑국 부모 세대의 경우 상층 : 중층 : 하층 = 4 : 5 : 9이므로 피라미드형 계층 구조이고, 을국 자녀 세대의 경우 상층 : 중층 : 하층 = 6 : 4 : 10이므로 모래시계형 계층 구조이다.

오답 피하기 ① 갑국 자녀 세대의 경우 상층 : 중층 : 하층 = 6 : 6 : 6이므로 모든 사회 구성원의 계층이 동일한 계층 구조인 완전 평등한 계층 구조에 해당하지 않는다.
② 을국의 자녀 세대에서 중층인 사람의 수와 갑국의 부모 세대에서 상층인 사람의 수는 모두 ●가 4개이므로 동일하다.
③ 갑국과 을국은 모두 부모 세대 중층에서 세대 간 하강 이동이 발생하였다.
④ 갑국과 을국 모두 세대 간 이동이 나타났으므로 개방적 계층 구조라고 할 수 있다.

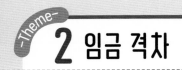

2 임금 격차

01 24671-0011

표에 대한 분석으로 옳은 것은? (단, 각 국가 내에서 남성 근로자 수와 여성 근로자 수는 같다.) [3점]

[2021년 3월 학평 15번]

〈성별 근로자 월 평균 임금〉

(단위: 달러)

구분	갑국	을국	병국
남성 근로자	3,400	3,800	4,000
여성 근로자	2,600	2,800	2,800

① 갑국에서 여성 근로자 월 평균 임금은 전체 근로자 월 평균 임금의 90% 수준을 넘는다.

② 을국에서 성별 근로자 월 평균 임금 격차는 남성 근로자 월 평균 임금의 1/3 수준을 넘는다.

③ 병국에서 남성 근로자 월 평균 임금은 전체 근로자 월 평균 임금보다 800달러 많다.

④ 남성 근로자 월 평균 임금에 대한 여성 근로자 월 평균 임금의 비는 을국이 병국보다 크다.

⑤ 갑국~병국 중 성별 근로자 월 평균 임금 격차는 갑국이 가장 크다.

 Answer

정답 해설 ④ 남성 근로자 월 평균 임금에 대한 여성 근로자 월 평균 임금의 비는 을국이 2,800달러/3,800달러이고, 병국이 2,800달러/4,000달러이므로 을국이 병국보다 크다.

오답 피하기 ① 남성 근로자 수와 여성 근로자 수가 같으므로 갑국 전체 근로자의 월 평균 임금은 3,000달러이다. 갑국에서 여성 근로자의 월 평균 임금은 전체 근로자 월 평균 임금의 약 87%{=(2,600달러/3,000달러)×100}이다.

② 을국에서 성별 근로자 월 평균 임금 격차는 1,000달러로, 남성 근로자 월 평균 임금의 1/3 수준을 넘지 않는다.

③ 남성 근로자 수와 여성 근로자 수가 같으므로 병국 전체 근로자의 월 평균 임금은 3,400달러이다. 따라서 병국에서 남성 근로자의 월 평균 임금은 전체 근로자의 월 평균 임금보다 600달러 많다.

⑤ 성별 근로자 월 평균 임금 격차는 갑국이 800달러, 을국이 1,000달러, 병국이 1,200달러이다.

24671-0012

표에 대한 분석으로 옳은 것은? [3점]　　　　　　　　　　　　　　　　　　　　　　**[2020년 10월 학평 10번]**

〈갑국 근로자의 평균 임금〉

(단위: 달러)

구분	2000년		2010년	
	남자	여자	남자	여자
내국인	2,000	1,600	2,500	2,100
외국인	1,400	1,000	1,700	1,500
전체	1,900	1,500	2,400	2,000

① 2000년에 내국인 남자 근로자 임금 총액에 대한 외국인 여자 근로자 임금 총액의 비는 1/2이다.

② 2010년에 내국인 근로자 평균 임금에 대한 외국인 근로자 평균 임금의 비는 3/5보다 작다.

③ 2010년에 남자 근로자와 여자 근로자 간 평균 임금 차이보다 내국인 근로자와 외국인 근로자 간 평균 임금 차이가 크다.

④ 남자 근로자 평균 임금에 대한 여자 근로자 평균 임금의 비는 2000년보다 2010년이 작다.

⑤ 2000년 대비 2010년에 내국인 여자 근로자 평균 임금 증가율보다 내국인 남자 근로자 평균 임금 증가율이 크다.

ⓘ **Answer**

정답 해설　③ 2010년에 남자 근로자와 여자 근로자 간의 평균 임금 차이는 400달러이다. 내국인 근로자의 평균 임금은 2,100달러보다 크고, 외국인 근로자의 평균 임금은 1,700달러보다 작으므로 그 차이는 400달러보다 크다.

오답 피하기　① 제시된 자료는 갑국 근로자의 평균 임금이므로 근로자의 임금 총액의 비를 비교할 수 없다.

② 2010년에 내국인 근로자 평균 임금은 2,500달러보다 작고, 외국인 근로자 평균 임금은 1,500달러보다 크다. 따라서 2010년에 내국인 근로자 평균 임금에 대한 외국인 근로자 평균 임금의 비는 3/5보다 크다.

④ 남자 근로자 평균 임금에 대한 여자 근로자 평균 임금의 비는 2000년에 1,500달러/1,900달러이고, 2010년에 2,000달러/2,400달러이므로 2000년보다 2010년이 크다.

⑤ 2000년 대비 2010년에 내국인 여자 근로자 평균 임금 증가율은 31.25%{=(500달러/1,600달러)×100}이고, 내국인 남자 근로자 평균 임금 증가율은 25%{=(500달러/2,000달러)×100}이다.

03 24671-0013

다음 자료에 대한 분석으로 옳은 것은? [3점]　　　　　　　　　　　　　　　[2022년 10월 학평 15번]

성별에 따른 임금 수준의 차이는 '임금 성비'라는 지표를 통해 파악해 볼 수 있다. 임금 성비는 '(여성의 평균 임금/남성의 평균 임금)×100'으로 계산한다. 표는 갑국의 성별에 따른 월 평균 임금의 변화 추이를 전체 업종과 ○○ 업종으로 구분하여 나타낸 것이다.

(단위: 달러)

구분		t년	t+1년	t+2년
전체 업종	남성	1,000	1,500	2,000
	여성	600	900	1,500
○○ 업종	남성	800	1,300	1,800
	여성	700	1,200	1,800

① 전체 업종에서 t년과 t+2년의 임금 성비는 같다.

② 임금 성비는 모든 시기에서 ○○ 업종이 전체 업종보다 낮다.

③ ○○ 업종과 달리 전체 업종에서는 성별 임금 수준의 불평등이 심화되고 있다.

④ 전체 업종에서 월 평균 임금의 전년 대비 상승률은 남성의 경우 t+1년과 t+2년이 동일하다.

⑤ ○○ 업종에서 월 평균 임금의 전년 대비 상승률은 t+1년과 t+2년 모두 여성이 남성보다 높다.

Answer

정답 해설　제시된 자료를 바탕으로 시기별, 업종별 임금 성비를 나타내면 다음과 같다.

구분	t년	t+1년	t+2년
전체 업종	(600/1,000)×100=60	(900/1,500)×100=60	(1,500/2,000)×100=75
○○ 업종	(700/800)×100=87.5	(1,200/1,300)×100=약 92.3	(1,800/1,800)×100=100

⑤ ○○ 업종에서 월 평균 임금의 전년 대비 상승률은 다음과 같다.

구분	t+1년	t+2년
남성	(500/800)×100=62.5%	(500/1,300)×100=약 38.5%
여성	(500/700)×100=약 71.4%	(600/1,200)×100=50%

따라서 ○○ 업종에서 월 평균 임금의 전년 대비 상승률은 t+1년과 t+2년 모두 여성이 남성보다 높다.

오답 피하기　① 전체 업종에서 임금 성비는 t년이 60이고, t+2년이 75이다.

② 모든 시기에서 ○○ 업종의 임금 성비가 전체 업종의 임금 성비보다 높다.

③ 전체 업종에서 임금 성비는 t년과 t+1년이 각각 60으로 같으며, t+2년이 75이고, ○○ 업종에서 임금 성비는 87.5, 약 92.3, 100으로 변화하고 있으므로 성별 임금 수준의 불평등이 심화된다고 볼 수 없다.

④ 남성의 경우 전체 업종에서 월 평균 임금의 전년 대비 상승률은 t+1년이 50%{=(500달러/1,000달러)×100}, t+2년이 약 33.3%{=(500달러/1,500달러)×100}이다. 따라서 전체 업종에서 월 평균 임금의 전년 대비 상승률은 남성의 경우 t+1년이 t+2년보다 높다.

04 24671-0014

다음 자료에 대한 옳은 분석만을 〈보기〉에서 있는 대로 고른 것은? [3점]   [2023년 3월 학평 10번]

> 표는 갑국의 직종별, 시기별 임금 성비를 나타낸 것이다. 임금 성비는 '(여성 평균 임금/남성 평균 임금)×100'으로 계산한다. 갑국은 A, B 직종 외에도 다양한 직종이 존재한다.

구분	t년	t+10년	t+20년
전체 직종	60	70	80
A 직종	50	50	50
B 직종	50	70	100

┌ **보기** ┐

ㄱ. 전체 직종에서 여성 평균 임금은 10년마다 10%씩 상승하였다.

ㄴ. t년에 A 직종에서 여성 평균 임금이 400만 원이라면 남성 평균 임금은 200만 원이다.

ㄷ. t+10년에 A, B 직종의 여성 평균 임금이 같다면 남성 평균 임금은 B 직종보다 A 직종에서 높다.

ㄹ. t+20년에 B 직종에서 남성과 여성의 평균 임금은 같다.

① ㄱ, ㄴ   ② ㄱ, ㄷ   ③ ㄷ, ㄹ   ④ ㄱ, ㄴ, ㄹ   ⑤ ㄴ, ㄷ, ㄹ

ⓘ **Answer**

정답 해설   ㄷ. t+10년에 A 직종의 임금 성비는 50, B 직종의 임금 성비는 70이다. t+10년에 A, B 직종의 여성 평균 임금이 같다면, 남성 평균 임금은 A 직종이 B 직종보다 높다.

ㄹ. t+20년에 B 직종의 임금 성비는 100이므로 B 직종에서 남성 평균 임금과 여성 평균 임금은 같다.

오답 피하기   ㄱ. 전체 직종에서 임금 성비가 10년마다 10만큼 증가한 것이지 여성 평균 임금이 10년마다 10%씩 상승한 것이 아니다.

ㄴ. t년에 A 직종에서 임금 성비는 50이므로 t년에 A 직종에서 여성 평균 임금이 400만 원이라면, 남성 평균 임금은 800만 원이 된다.

05 다음 자료에 대한 옳은 분석만을 〈보기〉에서 있는 대로 고른 것은?   [2023년 4월 학평 15번]

> 표는 갑국의 해당 연도 남성 정규직 근로자 평균 임금을 100이라고 할 때 다른 근로자 평균 임금의 상대적 수치를 나타낸다. 단, 남성 정규직 근로자 평균 임금은 매년 상승하였다.

구분	1992년	2002년	2012년	2022년
남성 비정규직	80	83	87	83
여성 정규직	66	78	82	88
여성 비정규직	44	50	54	69

┤ 보기 ├

ㄱ. 여성 비정규직 근로자 평균 임금 대비 여성 정규직 근로자 평균 임금의 비(比)는 2002년이 1992년보다 크다.

ㄴ. 남성 정규직 근로자와 남성 비정규직 근로자 간 평균 임금의 차는 2012년이 2002년보다 작다.

ㄷ. 2012년 대비 2022년 평균 임금 상승률은 여성 정규직 근로자가 남성 정규직 근로자보다 높다.

ㄹ. 2022년에는 1992년과 달리 여성 비정규직 근로자 평균 임금은 전체 비정규직 근로자 평균 임금의 50%를 넘는다.

① ㄱ, ㄴ   ② ㄱ, ㄷ   ③ ㄴ, ㄹ   ④ ㄱ, ㄷ, ㄹ   ⑤ ㄴ, ㄷ, ㄹ

🔍 Answer

정답 해설 ㄱ. 1992년에 남성 정규직 근로자 평균 임금이 100이면 여성 정규직 근로자 평균 임금은 66, 여성 비정규직 근로자 평균 임금은 44이므로 여성 비정규직 근로자 평균 임금 대비 여성 정규직 근로자 평균 임금의 비는 66/44(=1.5)이다. 2002년에 남성 정규직 근로자 평균 임금이 100이면 여성 정규직 근로자 평균 임금은 78, 여성 비정규직 근로자 평균 임금은 50이므로 여성 비정규직 근로자 평균 임금 대비 여성 정규직 근로자 평균 임금의 비는 78/50(=1.56)이다.

ㄷ. 2012년에 남성 정규직 근로자 평균 임금이 100이면 여성 정규직 근로자 평균 임금은 82이다. 2022년에 남성 정규직 근로자 평균 임금이 100이면 여성 정규직 근로자 평균 임금은 88이다. 남성 정규직 근로자 평균 임금은 매년 상승하였으므로 2012년 대비 2022년에 남성 정규직 근로자 평균 임금 상승률보다 여성 정규직 근로자 평균 임금 상승률이 높다.

오답 피하기 ㄴ. 2002년에 남성 정규직 근로자 평균 임금이 100이면 남성 비정규직 근로자 평균 임금은 83으로, 남성 정규직 근로자와 남성 비정규직 근로자 간 평균 임금의 차는 17이다. 2012년에 남성 정규직 근로자 평균 임금이 100이면 남성 비정규직 근로자 평균 임금은 87로, 남성 정규직 근로자와 남성 비정규직 근로자 간 평균 임금의 차는 13이다. 그러나 남성 정규직 근로자 평균 임금은 매년 상승하였으므로 남성 정규직 근로자와 남성 비정규직 근로자 간 평균 임금의 차가 2002년보다 2012년이 작다고 단정할 수 없다.

ㄹ. 1992년에 남성 정규직 근로자 평균 임금이 100이면 남성 비정규직 근로자 평균 임금은 80이고, 여성 비정규직 근로자 평균 임금은 44이므로 전체 비정규직 근로자 평균 임금은 44보다 크고 80보다 작다. 즉, 1992년에 여성 비정규직 근로자 평균 임금은 전체 비정규직 근로자 평균 임금의 50%를 넘는다.

06 그래프에 대한 옳은 분석만을 〈보기〉에서 고른 것은? [3점]

[2021년 4월 학평 10번]

〈성별 고용률〉 (단위: %)

A국 남성 75
여성 50

B국 남성 75
여성 70

〈가구주 성별 빈곤율〉 (단위: %)

A국 남성 가구주 가구 20
여성 가구주 가구 30

B국 남성 가구주 가구 15
여성 가구주 가구 10

$$* \text{ 성별 고용률(\%)} = \frac{\text{성별 15세 이상 취업자 수}}{\text{성별 15세 이상 인구}} \times 100$$

$$** \text{ 가구주 성별 빈곤율(\%)} = \frac{\text{가구주 성별 빈곤 가구 수}}{\text{가구주 성별 가구 수}} \times 100$$

*** A국과 B국 모두 남성 가구주 가구 수가 여성 가구주 가구 수보다 많음.

┌ 보기 ┐

ㄱ. A국의 15세 이상 취업자 중, 남성 취업자 수는 여성 취업자 수의 1.5배이다.

ㄴ. B국의 15세 이상 남성 중, 취업자 수는 취업자가 아닌 사람 수의 3배이다.

ㄷ. A국은 전체 가구의 50%가 빈곤 가구에 해당한다.

ㄹ. B국의 빈곤 가구 중, 남성 가구주 가구 수가 여성 가구주 가구 수보다 많다.

① ㄱ, ㄴ   ② ㄱ, ㄷ   ③ ㄴ, ㄷ   ④ ㄴ, ㄹ   ⑤ ㄷ, ㄹ

ⓘ **Answer**

정답 해설 ㄴ. B국의 경우 15세 이상 남성 중에서 취업자가 차지하는 비중이 75%이므로 취업자가 아닌 사람이 차지하는 비중은 25%이다. 따라서 B국의 15세 이상 남성 취업자의 수는 취업자가 아닌 사람 수의 3배이다.

ㄹ. B국의 경우 남성 가구주 가구의 빈곤율이 여성 가구주 가구의 빈곤율보다 높고, 남성 가구주 가구 수가 여성 가구주 가구 수보다 많으므로 B국의 빈곤 가구 중 남성 가구주 가구 수가 여성 가구주 가구 수보다 많다.

오답 피하기 ㄱ. A국의 경우 남성 고용률이 75%로, 여성 고용률인 50%의 1.5배이다. 그러나 전체 15세 이상 인구의 크기를 알 수 없으므로 남성 취업자 수와 여성 취업자 수를 비교할 수 없다.

ㄷ. A국의 남성 가구주 가구의 빈곤율은 20%, 여성 가구주 가구의 빈곤율은 30%이다. 전체 가구는 남성 가구주 가구와 여성 가구주 가구로 구성되므로 A국의 경우 전체 가구에서 빈곤 가구가 차지하는 비율은 20%에서 30%의 값을 갖는다.

07 다음 자료에 대한 옳은 설명만을 〈보기〉에서 고른 것은? [3점]　　　　　　[2022학년도 수능 6월 모평 10번]

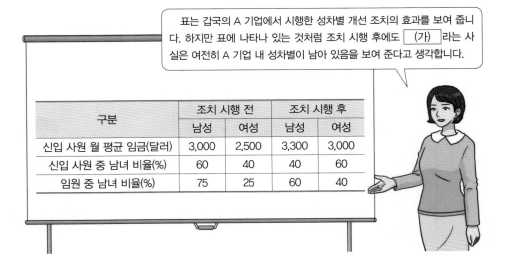

표는 갑국의 A 기업에서 시행한 성차별 개선 조치의 효과를 보여 줍니다. 하지만 표에 나타나 있는 것처럼 조치 시행 후에도 ⎡ (가) ⎤라는 사실은 여전히 A 기업 내 성차별이 남아 있음을 보여 준다고 생각합니다.

구분	조치 시행 전		조치 시행 후	
	남성	여성	남성	여성
신입 사원 월 평균 임금(달러)	3,000	2,500	3,300	3,000
신입 사원 중 남녀 비율(%)	60	40	40	60
임원 중 남녀 비율(%)	75	25	60	40

┌ 보기 ┐

ㄱ. 성차별 개선 조치 시행 후 남녀 신입 사원의 월 평균 임금 격차는 60% 감소하였다.
ㄴ. 성차별 개선 조치 시행 전후 신입 사원 수가 같다면, 여성 신입 사원 수는 조치 시행 후 50% 증가하였다.
ㄷ. 남성 임원 대 여성 임원의 비는 성차별 개선 조치 시행 전 3 : 1에서 조치 시행 후 3 : 2로 변화하였다.
ㄹ. (가)에는 '남성 신입 사원의 월 평균 임금이 여성 신입 사원의 월 평균 임금보다 30% 높다.'가 들어갈 수 있다.

① ㄱ, ㄴ　　　　② ㄱ, ㄷ　　　　③ ㄴ, ㄷ　　　　④ ㄴ, ㄹ　　　　⑤ ㄷ, ㄹ

ⓘ **Answer**

정답 해설　ㄴ. 성차별 개선 조치 시행 전후 신입 사원 수가 100명으로 같다면, 여성 신입 사원 수는 조치 시행 전에는 40명, 조치 시행 후에는 60명이다. 즉, 여성 신입 사원 수는 조치 시행 후 50%{=(20/40)×100} 증가하였다.

　　　　　　ㄷ. 남성 임원 대 여성 임원의 비는 임원 중 남녀 비율과 관련 있다. 따라서 남성 임원 대 여성 임원의 비는 성차별 개선 조치 시행 전 3 : 1(=75 : 25)에서 조치 시행 후 3 : 2(=60 : 40)로 변화하였다.

오답 피하기　ㄱ. 남녀 신입 사원의 월 평균 임금 격차의 경우 성차별 개선 조치 시행 전에는 500달러(=3,000달러−2,500달러), 조치 시행 후에는 300달러(=3,300달러−3,000달러)이다. 즉, 성차별 개선 조치 시행 후 남녀 신입 사원의 월 평균 임금 격차는 40%{=(200/500)×100} 감소하였다.

　　　　　　ㄹ. 성차별 개선 조치 시행 후 남성 신입 사원의 월 평균 임금(3,300달러)은 여성 신입 사원의 월 평균 임금(3,000달러)보다 10% 높다. 따라서 해당 내용은 (가)에 들어갈 수 없다.

08 (가)에 들어갈 옳은 내용만을 〈보기〉에서 고른 것은? [3점]

24671-0018

[2021학년도 수능 6월 모평 10번]

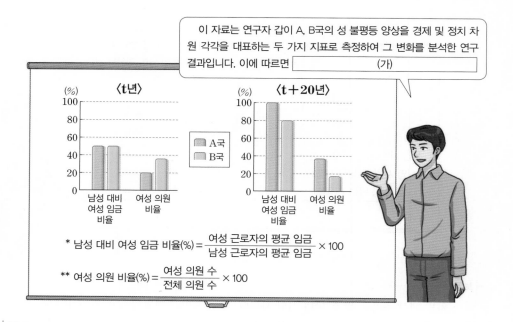

이 자료는 연구자 갑이 A, B국의 성 불평등 양상을 경제 및 정치 차원 각각을 대표하는 두 가지 지표로 측정하여 그 변화를 분석한 연구 결과입니다. 이에 따르면 _____(가)_____

* 남성 대비 여성 임금 비율(%) = $\dfrac{\text{여성 근로자의 평균 임금}}{\text{남성 근로자의 평균 임금}} \times 100$

** 여성 의원 비율(%) = $\dfrac{\text{여성 의원 수}}{\text{전체 의원 수}} \times 100$

┌ 보기 ├

ㄱ. A국은 t년에 비해 t+20년에 근로자의 성별 평균 임금 격차가 증가했습니다.
ㄴ. B국은 t년에 비해 t+20년에 여성 의원 비율이 낮아졌습니다.
ㄷ. t년에 비해 t+20년의 여성 근로자의 평균 임금은 A국이 B국보다 많이 증가했습니다.
ㄹ. A국은 t년에 비해 t+20년에 경제 및 정치 차원의 지표 모두에서 성 불평등이 완화된 반면, B국은 경제 차원의 지표에서만 성 불평등이 완화된 것으로 나타났습니다.

① ㄱ, ㄴ   ② ㄱ, ㄷ   ③ ㄴ, ㄷ   ④ ㄴ, ㄹ   ⑤ ㄷ, ㄹ

ⓘ **Answer**

정답 해설 ㄴ. B국의 여성 의원 비율은 t년의 경우 20%보다 높고, t+20년의 경우 20%보다 낮다.
ㄹ. '남성 대비 여성 임금 비율'은 경제 차원의 성 불평등 양상을 나타내고, '여성 의원 비율'은 정치 차원의 성 불평등 양상을 나타낸다. A국은 두 차원의 지표 모두에서 성 불평등이 완화되었고, B국은 경제 차원의 성 불평등은 완화되었으나 정치 차원의 성 불평등은 악화되었다.

오답 피하기 ㄱ. A국의 경우 t년에 남성 근로자의 평균 임금이 여성 근로자 평균 임금의 2배 정도이고, t+20년에 남성 근로자의 평균 임금과 여성 근로자의 평균 임금이 같다. 따라서 t년에 비해 t+20년에 근로자의 성별 평균 임금 격차는 감소했다.
ㄷ. t년에 A국과 B국 모두 남성 근로자의 평균 임금 대비 여성 근로자의 평균 임금이 약 절반 수준이었다면, t+20년에 A국은 여성 근로자의 평균 임금이 남성 근로자의 평균 임금 수준으로, B국은 여성 근로자의 평균 임금이 남성 근로자의 평균 임금의 80%로 높아졌다. 그러나 t년과 t+20년에 A국과 B국의 남성 근로자 평균 임금이 제시되어 있지 않으므로 여성 근로자의 평균 임금 증감 여부는 파악할 수 없다.

24671-0019

09 다음 자료에 대한 분석 및 추론으로 옳은 것은? [3점]　　　　　　　　　　[2023학년도 수능 9월 모평 10번]

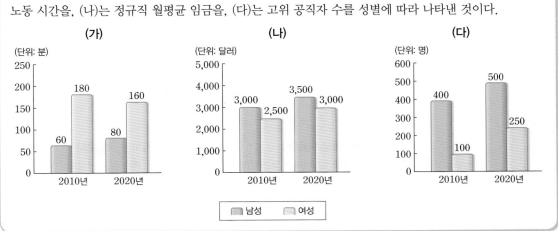

그림은 갑국의 성 불평등 양상을 파악하기 위해 수집한 자료이다. (가)는 맞벌이 부부의 1일 평균 가사 노동 시간을, (나)는 정규직 월평균 임금을, (다)는 고위 공직자 수를 성별에 따라 나타낸 것이다.

① (가)는 갑국에서 성별 가사 분담의 격차가 심화되었다는 주장의 근거로 활용될 수 있다.
② (가)에서 맞벌이 부부 중 여성의 1일 평균 가사 노동 시간 대비 맞벌이 부부 중 남성의 1일 평균 가사 노동 시간은 2010년이 2020년의 1.5배이다.
③ (나)에서 2010년 대비 2020년에 남성 정규직 월평균 임금 상승률과 여성 정규직 월평균 임금 상승률은 동일하다.
④ (다)에서 2010년 대비 2020년에 전체 고위 공직자 수 증가율은 남성 고위 공직자 수 증가율의 2배이다.
⑤ (다)는 (나)와 달리 경제적 측면의 성 불평등 양상을 파악하기 위한 자료이다.

🛈 **Answer**

정답 해설　④ 2010년 대비 2020년에 전체 고위 공직자 수 증가율은 50%{=(250명/500명)×100}이고, 남성 고위 공직자 수 증가율은 25%{=(100명/400명)×100}이다.

오답 피하기　① 2010년 대비 2020년에 맞벌이 부부의 1일 평균 가사 노동 시간 격차가 감소하였다. 따라서 (가)는 갑국에서 성별 가사 분담의 격차가 완화되었다는 주장의 근거로 활용될 수 있다.
② 맞벌이 부부 중 여성의 1일 평균 가사 노동 시간 대비 맞벌이 부부 중 남성의 1일 평균 가사 노동 시간은 2010년의 경우 60분/180분이고, 2020년의 경우 80분/160분으로, 2020년이 2010년의 1.5배이다.
③ 2010년 대비 2020년에 남성 정규직 월평균 임금 상승률은 약 16.7%{=(500달러/3,000달러)×100}이고, 여성 정규직 월평균 임금 상승률은 20%{=(500달러/2,500달러)×100}이다. 따라서 2010년 대비 2020년에 남성 정규직 월평균 임금 상승률은 여성 정규직 월평균 임금 상승률보다 작다.
⑤ (나)는 성별 정규직 월평균 임금 격차를 나타낸 것이므로 경제적 측면의 성 불평등 양상을 파악하기 위한 자료이다.

10

24671-0020

다음 자료에 대한 옳은 분석만을 〈보기〉에서 있는 대로 고른 것은? [3점]

[2022년 7월 학평 10번]

다음은 연구자 갑이 A국의 노동 관련 성 불평등을 연구하기 위해 수집한 자료이다. A국에서 남성 노동자의 평균 임금은 t년에 비해 t+10년에는 10%, t년에 비해 t+20년에는 25% 증가하였다. 또한 남성 노동자 수는 제시된 연도에서 모두 같다.

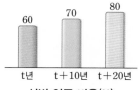

성별 임금 비율(%)

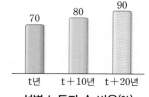

성별 노동자 수 비율(%)

* 성별 임금 비율(%) = (여성 노동자 평균 임금/남성 노동자 평균 임금) × 100
** 성별 노동자 수 비율(%) = (여성 노동자 수/남성 노동자 수) × 100

─┤ 보기 ├─

ㄱ. t년에 비해 t+10년에 여성 노동자 평균 임금은 20% 이상 증가하였다.
ㄴ. t년에 비해 t+20년에 평균 임금액의 성별 격차는 증가하였지만 노동자 수의 성별 격차는 감소하였다.
ㄷ. t+10년에 비해 t+20년에 남성 노동자 수와 여성 노동자 수의 격차는 50% 감소하였다.
ㄹ. 제시된 연도 중에 전체 남성 노동자의 총임금과 전체 여성 노동자의 총임금 간 격차는 t+20년이 가장 작다.

① ㄱ, ㄴ   ② ㄱ, ㄷ   ③ ㄴ, ㄹ   ④ ㄱ, ㄷ, ㄹ   ⑤ ㄴ, ㄷ, ㄹ

ⓘ **Answer**

정답 해설 t년에 남성 노동자 평균 임금이 100a, 남성 노동자 수가 100b라면, 제시된 자료는 다음과 같이 나타낼 수 있다.

구분	t년	t+10년	t+20년
남성 노동자 평균 임금	100a	110a	125a
여성 노동자 평균 임금	60a	77a	100a
남성 노동자 수	100b	100b	100b
여성 노동자 수	70b	80b	90b

ㄱ. t년에 비해 t+10년에 여성 노동자 평균 임금 상승률은 약 28.3%{=(17a/60a)×100}이다.

ㄷ. t+10년에 남성 노동자 수와 여성 노동자 수의 격차는 20b(=100b−80b), t+20년에 남성 노동자 수와 여성 노동자 수의 격차는 10b(=100b−90b)로 50% 감소하였다.

ㄹ. t년에서 t+20년까지 남성 노동자 평균 임금 상승률보다 여성 노동자 평균 임금 상승률이 높고, 남성 노동자 수는 변함이 없지만 여성 노동자 수는 증가하였으므로 남성과 여성의 총임금 격차는 t+20년이 가장 작다.

오답 피하기 ㄴ. t년 대비 t+20년에 평균 임금액의 성별 격차는 40a(=100a−60a)에서 25a(=125a−100a)로 감소하였고, 노동자 수의 성별 격차는 30b(=100b−70b)에서 10b(=100b−90b)로 감소하였다.

11 다음 자료에 대한 분석으로 옳은 것은? [3점]　　　　　　　　　　　　　　　　　　　[2023년 10월 학평 15번]

갑국 전체 근로자 월평균 임금은 2000년에 3,800달러이고, 2020년에 4,800달러이다. 표는 갑국 근로자 집단별 월평균 임금 갭을 나타낸 것이다. 단, 각 연도에 연령대별 남성 근로자 수가 모두 같고, 연령대별 여성 근로자 수도 모두 같다.

(단위: 달러)

연령대	2000년		2020년	
	남성	여성	남성	여성
20대 이하	−800	−1,300	−800	−800
30대	−300	−500	−300	−600
40대	700	−100	700	200
50대 이상	1,200	700	1,200	400
전체	200	−300	200	−200

* 갑국 근로자 집단별 월평균 임금 갭(달러) = 해당 근로자 집단 월평균 임금 − 갑국 전체 근로자 월평균 임금

① 2000년에 월 임금 총액은 20대 이하 남성 근로자와 50대 이상 여성 근로자가 같다.
② 2020년에 월평균 임금은 30대 남성 근로자가 40대 여성 근로자보다 크다.
③ 30대 근로자의 성별 월평균 임금의 차이는 2000년이 2020년보다 크다.
④ 2000년 대비 2020년에 40대 근로자의 월평균 임금 증가율은 남성이 여성보다 크다.
⑤ 연령대별 근로자의 성별 월평균 임금의 차이는 2000년과 2020년 모두 50대 이상이 가장 크다.

Answer

정답 해설 ① 2000년에 남성 전체 근로자 월평균 임금이 4,000달러, 여성 전체 근로자 월평균 임금이 3,500달러인데, 전체 근로자 월평균 임금이 3,800달러이므로 남성 전체 근로자 수 : 여성 전체 근로자 수 = 3 : 2이다. 각 연령대별 남성 근로자 수가 모두 같고, 각 연령대별 여성 근로자 수가 모두 같으므로 20대 이하 남성 근로자 수 : 50대 이상 여성 근로자 수 = 3 : 2이다. 월 임금 총액은 '월 평균 임금 × 근로자 수'이므로 20대 이하 남성 근로자와 50대 이상 여성 근로자의 월 임금 총액은 같다.

(단위: 달러)

구분	갑국		을국	
	남성	여성	남성	여성
20대 이하	3,000	2,500	4,000	4,000
30대	3,500	3,300	4,500	4,200
40대	4,500	3,700	5,500	5,000
50대 이상	5,000	4,500	6,000	5,200
전체	4,000	3,500	5,000	4,600

오답 피하기 ② 2020년에 월평균 임금은 30대 남성 근로자가 4,500달러, 40대 여성 근로자가 4,200달러이다.
③ 30대 근로자의 성별 월평균 임금의 차이는 2000년이 200달러, 2020년이 300달러이다.
④ 2000년 대비 2020년에 40대 근로자의 월평균 임금 증가율은 남성이 약 22%{=(1,000달러/4,500달러)×100}이고, 여성이 약 35%{=(1,300달러/3,700달러)×100}이다.
⑤ 연령대별 근로자의 성별 월평균 임금의 차이는 2000년에 40대가 가장 크고, 2020년에 50대 이상이 가장 크다.

12 24671-0022
다음 자료에 대한 분석으로 옳은 것은? [3점]   [2022학년도 수능 9월 모평 10번]

> 한 연구자가 노동자 성비와 성별 임금 격차를 기준으로 노동 시장에서의 성 불평등 정도를 측정하였다. 표는 갑국의 시기별 노동자 성비와 성별 임금 격차를 나타낸다. 단, 갑국에서 t년에 비해 t+10년에 남성 노동자의 수는 20% 증가하였고, 남성 노동자의 평균 임금도 20% 증가하였다.
>
> **〈갑국의 시기별 노동자 성비와 성별 임금 격차〉**
>
> | 구분 | t년 | t+10년 |
> |---|---|---|
> | 노동자 성비 | 60 | 100 |
> | 노동자 성별 임금 격차 | 30 | 40 |
>
> * 노동자 성비: 여성 노동자 100명당 남성 노동자의 수
>
> ** 노동자 성별 임금 격차 $= (1 - \dfrac{\text{여성 노동자 평균 임금}}{\text{남성 노동자 평균 임금}}) \times 100$

① t년에 여성 노동자 평균 임금은 남성 노동자 평균 임금의 30%이다.

② t+10년에 여성 노동자 평균 임금은 전체 노동자 평균 임금의 60% 이하이다.

③ t년에 비해 t+10년에 여성 노동자 수는 감소하였다.

④ t년에 비해 t+10년에 여성 노동자 평균 임금은 감소하였다.

⑤ t년에 비해 t+10년에 노동자 성비 불균형과 성별 임금 격차는 모두 완화되었다.

(î) **Answer**

정답 해설 t년의 경우 여성 노동자 수를 100명, 남성 노동자 평균 임금을 100만 원이라고 하면, 다음과 같은 표를 만들 수 있다.

구분		t년	t+10년
노동자 수(명)	남성 노동자	60	72
	여성 노동자	100	72
평균 임금(만 원)	남성 노동자	100	120
	여성 노동자	70	72

③ 여성 노동자 수는 t년에 100명에서 t+10년에 72명으로 감소하였다.

오답 피하기 ① t년에 여성 노동자 평균 임금은 남성 노동자 평균 임금의 70%{=(70/100)×100}이다.

② t+10년에 남성 노동자 수와 여성 노동자 수가 같으므로 전체 노동자 평균 임금은 96만 원이다. 따라서 t+10년에 여성 노동자 평균 임금은 전체 노동자 평균 임금의 75%{=(72/96)×100}이다.

④ 여성 노동자 평균 임금은 t년에 70만 원이고, t+10년에 72만 원이다.

⑤ t년에 비해 t+10년에 노동자 성비 불균형은 완화되었다. 하지만 성별 임금 격차는 t년에 30에서 t+10년에 40으로 커졌으므로 노동자 성별 임금 격차는 악화되었다.

13 다음 자료에 대한 분석으로 옳은 것은? [3점]　　　　　　　　　　　　　　　　　　[2023년 7월 학평 10번]

> 표는 갑국의 시기별 남성 노동자와 여성 노동자의 임금 격차 지수 및 여성 임금 비율을 나타낸 것이다. 갑국의 남성 노동자 평균 임금은 t년 이후 지속적으로 상승하였다.
>
> | 구분 | t년 | t+10년 | t+20년 | t+30년 |
> |---|---|---|---|---|
> | 임금 격차 지수 | 40 | 30 | 50 | 60 |
> | 여성 임금 비율(%) | 75 | 87.5 | 62.5 | 50 |
>
> * 임금 격차 지수 $= \dfrac{(\text{남성 노동자 평균 임금} - \text{여성 노동자 평균 임금})}{\text{남성 노동자 평균 임금}} \times 100$
>
> ** 여성 임금 비율(%) $= \dfrac{\text{여성 노동자 평균 임금}}{\text{전체 노동자 평균 임금}} \times 100$

① t년에 여성 노동자 평균 임금은 남성 노동자 평균 임금의 40%이다.

② t년은 t+10년에 비해 여성 노동자 평균 임금이 많다.

③ t+20년은 t+10년과 달리 여성 노동자 수가 남성 노동자 수보다 적다.

④ t+30년은 t+20년에 비해 남성 노동자 수가 감소하였다.

⑤ 갑국의 시기별 전체 노동자의 평균 임금은 모두 동일하다.

🛈 **Answer**

정답 해설　t년의 남성 노동자 평균 임금을 100a, t+10년의 남성 노동자 평균 임금을 100b, t+20년의 남성 노동자 평균 임금을 100c, t+30년의 남성 노동자 평균 임금을 100d라고 가정하여 제시된 자료를 바탕으로 시기별 여성 노동자 평균 임금과 전체 노동자 평균 임금을 나타내면 다음과 같다.

구분	t년	t+10년	t+20년	t+30년
전체 노동자 평균 임금	80a	80b	80c	80d
여성 노동자 평균 임금	60a	70b	50c	40d
남성 노동자 평균 임금	100a	100b	100c	100d

③ 남성 노동자 수 : 여성 노동자 수는 t+10년이 1 : 2, t+20년이 3 : 2이다.

오답 피하기　① t년에 여성 노동자 평균 임금은 남성 노동자 평균 임금의 60%이다.

② t년은 t+10년에 비해 여성 노동자 평균 임금이 적다.

④ 제시된 자료를 통해 갑국 인구의 변화를 파악할 수 없으므로 t+20년과 t+30년의 남성 노동자 수를 비교할 수 없다.

⑤ 갑국의 시기별 전체 노동자의 평균 임금은 지속적으로 상승하였다.

14 24671-0024

다음 자료에 대한 분석으로 옳은 것은?

[2023학년도 수능 6월 모평 9번]

표는 연구자 갑이 A국 ○○기업 직원의 연봉 구간에 따른 성별 분포와 여성비를 조사한 것이다. 단, ○○기업의 연봉은 1구간에서 시작하며 근무 기간에 비례한다.

연봉 구간		구성 비율(%)		여성비
		여성	남성	
1구간	2만 달러 미만	13	5	1.61
2구간	2만 달러 이상 4만 달러 미만	57	32	1.10
3구간	4만 달러 이상 6만 달러 미만	18	29	0.38
4구간	6만 달러 이상 8만 달러 미만	7	15	0.29
5구간	8만 달러 이상	5	19	0.16
전체		100	100	0.62

* 여성비 $= \dfrac{여성\ 수}{남성\ 수}$

** 여성비는 소수점 셋째 자리에서 반올림한 수치임.

① 전체 여성 직원 수는 전체 직원 수의 62%이다.

② 1구간에 해당하는 남성 직원 수는 5구간에 해당하는 여성 직원 수보다 적다.

③ 4구간에 해당하는 남성 직원 수는 4구간에 해당하는 여성 직원 수보다 8% 많다.

④ 1구간에서 5구간으로 갈수록 각 구간의 여성 직원 수는 지속적으로 감소한다.

⑤ 1구간에서 5구간으로 갈수록 각 구간의 전체 직원 중 남성 직원이 차지하는 비율은 지속적으로 증가한다.

🔍 **Answer**

정답 해설 ⑤ 1구간에서 5구간으로 갈수록 여성비, 즉 '여성 수/남성 수'가 지속적으로 감소하고 있다. 따라서 1구간에서 5구간으로 갈수록 각 구간의 전체 직원 중 남성 직원이 차지하는 비율은 지속적으로 증가한다.

오답 피하기 ① 전체 여성비는 0.62이다. 즉, 전체 남성 직원 수 : 전체 여성 직원 수는 1 : 0.62로, 전체 여성 직원 수는 전체 직원 수의 약 38%[={0.62/(1+0.62)}×100]이다.

② 1구간에 해당하는 남성 직원 수는 전체 남성 직원의 5%, 5구간에 해당하는 여성 직원 수는 전체 여성 직원의 5%이다. 전체 남성 직원 수가 전체 여성 직원 수보다 많으므로 1구간에 해당하는 남성 직원 수가 5구간에 해당하는 여성 직원 수보다 많다.

③ 4구간에 해당하는 남성 직원 수는 전체 남성 직원의 15%, 4구간에 해당하는 여성 직원 수는 전체 여성 직원의 7%이다. 전체 남성 직원 수가 10,000명일 때 전체 여성 직원 수는 6,200명이므로 4구간에 해당하는 남성 직원 수(1,500명)는 4구간에 해당하는 여성 직원 수(434명)의 3배를 넘는다.

④ 전체 여성 직원 중 각 구간 여성 직원의 비율은 1구간이 13%, 2구간이 57%, 3구간이 18%, 4구간이 7%, 5구간이 5%이다. 따라서 1구간에서 2구간으로 가면서 여성 직원 수는 증가하지만, 2구간에서 5구간으로 갈수록 감소한다.

15 다음 자료에 대한 분석으로 옳은 것은? [3점]　　　　　　　　　　　　　[2024학년도 수능 6월 모평 10번]

> 　표는 갑국의 t년 연령대별 '상대적 평균 임금'을 혼인 상태별·성별로 구분하여 제시한 것이다. 연령대별 상대적 평균 임금은 20대 기혼(미혼) 남성(여성) 평균 임금을 100이라고 할 때 다른 연령대의 기혼(미혼) 남성(여성) 평균 임금의 크기를 나타낸다.
>
> 　갑국에서 t년에 기혼 20대의 성별 임금 격차 지수는 20이고, 미혼 20대의 성별 임금 격차 지수는 10이다. 20대 기혼 여성의 평균 임금과 20대 미혼 남성의 평균 임금은 같다. 따라서 20대 기혼 남성의 평균 임금이 100달러라면 20대 미혼 여성의 평균 임금은 　　⑦　　 달러이다.
>
> **〈연령대별 상대적 평균 임금〉**
>
> | 구분 | 기혼 | | 미혼 | |
> |---|---|---|---|---|
> | | 남성 | 여성 | 남성 | 여성 |
> | 20대 | 100 | 100 | 100 | 100 |
> | 30대 | 142 | 130 | 140 | 140 |
> | 40대 | 165 | 120 | 145 | 155 |
> | 50대 | 170 | 90 | 130 | 150 |
> | 60대 이상 | 110 | 70 | 90 | 60 |
>
> * 성별 임금 격차 지수 $= \dfrac{(\text{남성 평균 임금} - \text{여성 평균 임금})}{\text{남성 평균 임금}} \times 100$

① ⑦은 '100'이다.

② 40대에서 성별 임금 격차 지수는 기혼이 미혼보다 작다.

③ 50대 기혼 여성과 20대 미혼 여성의 평균 임금은 같다.

④ 기혼 남성 40대와 50대의 평균 임금 차이와 미혼 남성 30대와 40대의 평균 임금 차이는 같다.

⑤ 미혼의 경우, 모든 연령대에서 남성 평균 임금이 여성 평균 임금보다 높다.

ⓘ Answer

정답 해설　③ 20대 기혼 남성 평균 임금이 100달러라면, 20대 기혼 여성 평균 임금과 20대 미혼 남성 평균 임금은 각각 80달러이므로 50대 기혼 여성 평균 임금과 20대 미혼 여성 평균 임금은 72달러로 같다.

오답 피하기　① 20대 기혼 남성 평균 임금이 100달러라면, 20대 미혼 여성 평균 임금은 72달러이다. 따라서 ⑦은 '72'이다.

② 20대 기혼 남성 평균 임금이 100달러라면, 40대 기혼 남성 평균 임금은 165달러, 40대 기혼 여성 평균 임금은 96달러로, 40대 기혼 성별 임금 격차 지수는 약 41.8이다. 20대 미혼 남성 평균 임금이 100달러라면, 40대 미혼 남성 평균 임금은 145달러, 40대 미혼 여성 평균 임금은 139.5달러로, 40대 미혼 성별 임금 격차 지수는 약 3.8이다.

④ 20대 기혼 남성 평균 임금이 100달러라면, 20대 미혼 남성 평균 임금은 80달러이므로 기혼 남성 40대 평균 임금과 50대 평균 임금 차이는 5달러, 미혼 남성 30대 평균 임금과 40대 평균 임금 차이는 4달러이다.

⑤ 20대 미혼 남성 평균 임금이 100달러라면, 20대 미혼 여성 평균 임금은 90달러, 50대 미혼 남성 평균 임금은 130달러, 50대 미혼 여성 평균 임금은 135달러이므로 미혼의 경우, 50대에서는 여성 평균 임금이 남성 평균 임금보다 높다.

16 24671-0026
다음 자료에 대한 분석으로 옳은 것은? [3점]

[2023학년도 수능 10번]

표는 갑국의 t년 연령대별 남녀 임금을 조사하여 구성한 것이다.

연령대	여성 임금비	20대 기준 연령대별 상대적 평균 임금	
		남성	여성
10대	88	40	39
20대	90	100	100
30대	75	㉠	145
40대	61	200	㉡
50대	50	190	105
60대	47	114	60

* 여성 임금비 = $\dfrac{\text{여성 평균 임금}}{\text{남성 평균 임금}} \times 100$　　** 여성 임금비는 소수점 첫째 자리에서 반올림한 수치임.

*** 20대 기준 연령대별 상대적 평균 임금은 20대 남성(여성) 평균 임금을 100이라고 할 때 연령대별 남성(여성)의 상대적 평균 임금임.

① ㉠은 180보다 작고, ㉡은 130보다 크다.

② 평균 임금은 남성과 여성에서 모두 40대가 가장 높다.

③ 40대 여성 평균 임금은 40대 전체 평균 임금의 60%보다 작다.

④ 연령대별 남녀 평균 임금 차이는 20대부터 60대까지 지속적으로 증가한다.

⑤ 50대 남성 취업자 수가 50대 여성 취업자 수의 1.5배라면, 50대 여성 임금 총액은 50대 남성 임금 총액의 40%보다 크다.

Answer

정답 해설 ① 20대 남성 평균 임금이 100, 20대 여성 평균 임금이 90이라면, 30대의 경우 여성 임금비가 75, 30대 여성 평균 임금이 130.5이므로 30대 남성 평균 임금은 174이다. 즉, ㉠은 174이다. 20대 남성 평균 임금이 100, 20대 여성 평균 임금이 90이라면, 40대의 경우 여성 임금비가 61, 40대 남성 평균 임금이 200이므로 40대 여성 평균 임금은 122이다. 따라서 20대 여성 평균 임금이 100이면 40대 여성 평균 임금은 약 136이다. 즉, ㉡은 약 136이다.

연령대	남성 평균 임금	여성 평균 임금	남녀 평균 임금 차이
10대	40	35.1	4.9
20대	100	90	10
30대	174	130.5	43.5
40대	200	122	78
50대	190	94.5	95.5
60대	114	54	60

오답 피하기 ② 남성 평균 임금은 40대가 가장 높고, 여성 평균 임금은 30대가 가장 높다.

③ 40대의 경우 여성 임금비가 61이므로 40대 남성 평균 임금이 100이라면, 40대 여성 평균 임금은 61, 40대 전체 평균 임금은 61과 100 사이에서 형성된다. 따라서 40대 여성 평균 임금은 40대 전체 평균 임금의 60%보다 크다.

④ 연령대별 남녀 평균 임금 차이는 20대부터 50대까지 증가하다가 60대에서 감소한다.

⑤ 50대 남성 취업자 수가 50대 여성 취업자 수의 1.5배라면, 50대 여성 취업자 수가 a라면 50대 남성 취업자 수는 1.5a이다. 20대 남성 평균 임금이 100, 20대 여성 평균 임금이 90이면, 50대 남성 평균 임금은 190, 50대 여성 평균 임금은 94.5이므로 50대 남성 임금 총액은 285a, 50대 여성 임금 총액은 94.5a이다. 따라서 50대 여성 임금 총액은 50대 남성 임금 총액의 약 33%이다.

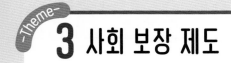

3 사회 보장 제도

01 다음 자료에 대한 분석으로 옳은 것은? [3점]

24671-0027

[2022년 3월 학평 20번]

> 표는 우리나라 A 권역에 속하는 갑 지역과 을 지역의 지역별 주민 중 국민 연금 제도의 수급자 비율과 국민 기초 생활 보장 제도의 수급자 비율을 나타낸 것이다. 단, A 권역은 주민이 100만 명인 갑 지역과 주민이 200만 명인 을 지역으로만 구분된다.
>
> (단위: %)
>
> | 구분 | 갑 지역 | 을 지역 | A 권역 |
> |---|---|---|---|
> | 국민 연금 제도의 수급자 | 15 | 6 | 9 |
> | 국민 기초 생활 보장 제도의 수급자 | 10 | 13 | 12 |

① 공공 부조에 해당하는 제도의 수급자는 갑 지역이 을 지역보다 많다.

② A 권역에서 의무 가입 원칙을 적용하는 제도의 수급자가 그렇지 않은 제도의 수급자보다 많다.

③ 지역별 주민 중 상호 부조의 원리에 기초한 제도의 수급자 비율은 을 지역이 갑 지역보다 높다.

④ 지역별 주민 중 생활이 어려운 자의 최저 생활을 보장하고자 하는 제도의 수급자 비율은 갑 지역이 을 지역보다 높다.

⑤ 을 지역에서 선별적 복지 이념에 기초한 제도의 수급자가 보편적 복지 이념에 기초한 제도의 수급자보다 14만 명 많다.

ⓘ **Answer**

정답 해설 ⑤ 선별적 복지 이념에 기초한 제도는 공공 부조에 해당하는 국민 기초 생활 보장 제도이고, 보편적 복지 이념에 기초한 제도는 사회 보험에 해당하는 국민 연금 제도이다. 을 지역에서 국민 기초 생활 보장 제도의 수급자는 26만 명이고, 국민 연금 제도의 수급자는 12만 명이다.

오답 피하기 ① 공공 부조에 해당하는 국민 기초 생활 보장 제도의 수급자는 갑 지역이 10만 명, 을 지역이 26만 명이다.

② A 권역에서 의무 가입 원칙을 적용하는 제도인 국민 연금 제도의 수급자는 27만 명이고, 국민 기초 생활 보장 제도의 수급자는 36만 명이다.

③ 상호 부조의 원리에 기초한 제도는 국민 연금 제도로, 국민 연금 제도의 수급자 비율은 갑 지역이 15%, 을 지역이 6%이다.

④ 생활이 어려운 자의 최저 생활을 보장하고자 하는 제도는 국민 기초 생활 보장 제도로, 지역별 주민 중 국민 기초 생활 보장 제도의 수급자 비율은 갑 지역이 10%, 을 지역이 13%이다.

02 24671-0028

다음 자료에 대한 옳은 분석만을 〈보기〉에서 있는 대로 고른 것은? (단, (가)~(다)는 각각 사회 보험, 공공 부조, 사회 서비스 중 하나이다.) [3점]

[2019학년도 수능 6월 모평 15번]

〈자료 1〉 우리나라 사회 보장 제도의 사례

제도	사례
(가)	소득, 건강, 주거, 사회적 접촉 등의 수준을 평가하여 선정된 65세 이상의 독거 노인에게 정기적인 안전 확인 및 정서적 지원, 보건 서비스 연계·조정, 생활 교육 지원 등을 하는 제도
(나)	사용자, 근로자 또는 자영업자 등이 공동으로 마련한 재원으로 노령에 따른 근로 소득 상실을 보전하기 위한 급여를 지급하는 제도
(다)	국가와 지방 자치 단체의 재정으로 65세 이상 노인 중 소득이 일정 수준 이하인 사람에게 생활 안정에 필요한 연금을 지급하는 제도

〈자료 2〉 A 지역의 65세 이상 인구 중 (가)~(다)의 수혜자 현황

(단위: %)

구분	2014년						2015년					
제도	(가)		(나)		(다)		(가)		(나)		(다)	
수혜자 비율	12		40		60		12		40		60	
수혜자 중 남녀 비율	남	여	남	여	남	여	남	여	남	여	남	여
	30	70	58	42	36	64	40	60	55	45	30	70

* 2014년 A 지역의 65세 이상 인구는 10,000명임.

** 2015년 A 지역의 65세 이상 인구 증가율은 −5%임.

*** 65세 이상 인구 증가율(%) = $\dfrac{\text{당해 연도 65세 이상 인구} - \text{전년도 65세 이상 인구}}{\text{전년도 65세 이상 인구}} \times 100$

┤ 보기 ├

ㄱ. 2014년에 소득 재분배 효과가 가장 큰 제도의 수혜자 수는 비금전적 지원이 원칙인 제도의 수혜자 수의 1.5배이다.

ㄴ. 2015년에 수혜 정도와 무관하게 능력에 따른 비용 부담이 원칙인 제도의 남자 수혜자 수는 여자 수혜자 수보다 많다.

ㄷ. 2015년에 상호 부조의 원리에 기반을 둔 제도의 여자 수혜자 수와 최저 생활 보장을 목적으로 하는 제도의 남자 수혜자 수는 동일하다.

ㄹ. 강제 가입이 원칙인 제도의 여자 수혜자 수는 2014년보다 2015년이 많다.

① ㄱ, ㄴ ② ㄱ, ㄹ ③ ㄴ, ㄷ ④ ㄱ, ㄷ, ㄹ ⑤ ㄴ, ㄷ, ㄹ

정답 해설   (가)는 사회 서비스인 노인 돌봄 서비스, (나)는 사회 보험인 국민 연금 제도, (다)는 공공 부조인 기초 연금 제도이다. 2014년 A 지역의 65세 이상 인구가 10,000명이고 2015년 A 지역의 65세 이상 인구 증가율이 −5%이므로 2015년 A 지역의 65세 이상 인구는 9,500명이다.

     ㄴ. 수혜 정도와 무관하게 능력에 따른 비용 부담이 원칙인 제도는 사회 보험이다. 2015년에 (나)의 경우 남자 수혜자 비율은 55%, 여자 수혜자 비율은 45%로 남자 수혜자 비율이 더 크므로 남자 수혜자 수가 여자 수혜자 수보다 많다.

     ㄷ. 상호 부조의 원리에 기반을 둔 제도는 사회 보험이고, 최저 생활 보장을 목적으로 하는 제도는 공공 부조이다. 2015년에 (나)의 여자 수혜자 수는 9,500명×0.4×0.45이고, (다)의 남자 수혜자 수는 9,500명×0.6×0.3으로 동일하다.

     ㄹ. 강제 가입이 원칙인 제도는 사회 보험이다. 2014년에 (나)의 여자 수혜자는 1,680명(=10,000명×0.4×0.42)이고, 2015년에 (나)의 여자 수혜자는 1,710명(=9,500명×0.4×0.45)이다.

오답 피하기   ㄱ. 소득 재분배 효과가 가장 큰 제도는 공공 부조이고, 비금전적 지원이 원칙인 제도는 사회 서비스이다. 2014년에 (가)의 수혜자 비율은 12%, (다)의 수혜자 비율은 60%이다. 2014년에 A 지역의 65세 이상 인구가 10,000명이므로 공공 부조의 수혜자는 600명, 사회 서비스의 수혜자는 120명이다. 따라서 2014년에 공공 부조의 수혜자 수는 사회 서비스 수혜자 수의 5배이다.

03 다음 자료에 대한 분석으로 옳은 것은? (단, 갑국의 사회 보장 제도는 우리나라의 사회 보장 제도와 동일함.)

[2023학년도 수능 6월 모평 15번]

〈자료 1〉 갑국의 사회 보장 제도 A~C의 사례
- A의 사례: 생활이 어려운 사람의 질병, 부상 등에 대해 급여 제공
- B의 사례: 노령, 장애, 사망 시 본인 및 가족에게 연금 급여 실시
- C의 사례: 일상생활과 사회 활동이 어려운 저소득층의 생활 안정을 위해 가사·간병 서비스 지원

〈자료 2〉 갑국의 사회 보장 제도 A~C의 시기별 수혜자 현황

제도	A		A		B		B		C		C	
시기	2015년		2020년		2015년		2020년		2015년		2020년	
전체 인구 중 수혜자 비율(%)	12		18		48		48		24		36	
수혜자 중 성별 비율(%)	여	남	여	남	여	남	여	남	여	남	여	남
	60	40	65	35	30	70	30	70	50	50	60	40

① 최저 생활 보장을 목적으로 하는 제도의 경우, 2015년 전체 인구 중 수혜자 비율은 24%이다.

② 비금전적 지원을 원칙으로 하는 제도의 경우, 2015년 남성 수혜자 수는 갑국 인구의 12%이다.

③ 상호 부조의 원리를 바탕으로 하는 제도의 경우, 2015년 여성 수혜자 수와 2020년 여성 수혜자 수는 같다.

④ 2015년의 경우, 소득 재분배 효과가 가장 큰 제도의 수혜자 수는 의무 가입이 원칙인 제도의 수혜자 수의 4배이다.

⑤ 2020년의 경우, 공공 부조에 해당하는 제도의 남성 수혜자 수는 사회 보험에 해당하는 제도의 남성 수혜자 수의 절반이다.

정답 해설 A는 공공 부조인 의료 급여 제도, B는 사회 보험인 국민 연금 제도, C는 사회 서비스인 가사 · 간병 방문 지원 사업이다.

② 비금전적 지원을 원칙으로 하는 제도는 사회 서비스인 C이다. C의 경우 2015년 전체 인구 중 수혜자 비율은 24%이고, 이 중 남성 비율은 50%이다. 따라서 2015년 사회 서비스의 남성 수혜자 수는 전체 인구의 12%(=24%×0.5)이다.

오답 피하기 ① 최저 생활 보장을 목적으로 하는 제도는 공공 부조인 A이다. A의 경우 2015년 전체 인구 중 수혜자 비율은 12%이다.

③ 상호 부조의 원리를 바탕으로 하는 제도는 사회 보험인 B이다. B의 경우 2015년과 2020년 모두 전체 인구 중 수혜자 비율은 48%이고, 이 중 여성 비율은 30%이다. 그러나 제시된 자료를 통해서는 2015년과 2020년 전체 인구를 알 수 없으므로 사회 보험의 여성 수혜자 수가 2015년과 2020년이 같다고 단정할 수 없다.

④ 소득 재분배 효과가 가장 큰 제도는 공공 부조인 A이고, 의무 가입이 원칙인 제도는 사회 보험인 B이다. 2015년의 경우 전체 인구 중 A의 수혜자 비율은 12%이고, 전체 인구 중 B의 수혜자 비율은 48%이다. 따라서 2015년의 경우 공공 부조의 수혜자 수는 사회 보험의 수혜자 수의 1/4배이다.

⑤ 2020년의 경우 공공 부조에 해당하는 제도인 A의 남성 수혜자 수는 전체 인구의 6.3%(=18%×0.35)이고, 사회 보험에 해당하는 제도인 B의 남성 수혜자 수는 전체 인구의 33.6%(=48%×0.7)이다. 따라서 따라서 2020년의 경우 공공 부조에 해당하는 제도의 남성 수혜자 수는 사회 보험에 해당하는 제도의 남성 수혜자 수의 절반보다 작다.

04 다음 자료에 대한 옳은 분석만을 〈보기〉에서 고른 것은?

24671-0030

[2024학년도 수능 9월 모평 15번]

〈자료 1〉 갑국의 사회 보장 제도

(가) 65세 이상 노인 중 소득 인정액이 일정 수준 이하인 사람에게 생활 안정에 필요한 연금을 지급하는 제도
(나) 노령, 사망, 장애 등으로 인한 소득 상실을 보전하고 기본적인 생활을 지원하기 위해 가입자와 고용주 등이 분담해서 마련한 기금을 통해 연금 급여를 지급하는 제도

〈자료 2〉 갑국의 성별·시기별 (가), (나) 제도의 수급자 수

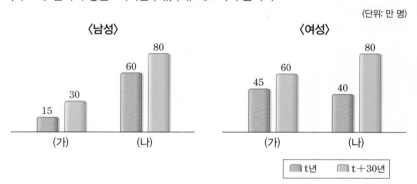

(단위: 만 명)

* 갑국의 사회 보장 제도는 우리나라의 사회 보장 제도와 동일함.
** t년과 t+30년 모두 갑국의 남녀 인구는 각각 1,000만 명임.

보기

ㄱ. t년에 수급자에 대한 부정적 낙인이 발생할 수 있는 제도의 남성 수급자 수는 여성 수급자 수의 3배이다.
ㄴ. t년에 비해 t+30년에 수혜자 비용 부담 원칙이 적용되는 제도의 수급자 수는 60만 명 증가하였다.
ㄷ. t년에 상호 부조의 원리가 적용되는 제도의 수급자 중 남성 수급자 비율은 t+30년에 강제 가입의 원칙이 적용되는 제도의 수급자 중 여성 수급자 비율보다 높다.
ㄹ. t년에 갑국 인구 중 사전 예방적 성격이 강한 제도의 수급자 비율은 t+30년에 갑국 인구 중 사후 처방적 성격이 강한 제도의 수급자 비율보다 낮다.

① ㄱ, ㄴ   ② ㄱ, ㄷ   ③ ㄴ, ㄷ   ④ ㄴ, ㄹ   ⑤ ㄷ, ㄹ

(i) **Answer**

정답 해설 (가)는 공공 부조에 해당하는 기초 연금 제도이고, (나)는 사회 보험에 해당하는 국민연금 제도이다.

ㄴ. 수혜자 비용 부담 원칙이 적용되는 제도는 사회 보험인 (나)이다. (나)의 수급자 수는 t년에 100만 명, t+30년에 160만 명으로, t년 대비 t+30년에 60만 명 증가하였다.

ㄷ. 상호 부조의 원리가 적용되는 제도와 강제 가입의 원칙이 적용되는 제도는 모두 사회 보험인 (나)이다. t년에 (나)의 수급자(100만 명) 중 남성 수급자(60만 명) 비율은 60%로, t+30년에 (나)의 수급자(160만 명) 중 여성 수급자(80만 명) 비율인 50%보다 높다.

오답 피하기 ㄱ. 수급자에 대한 부정적인 낙인이 발생할 수 있는 제도는 공공 부조인 (가)이다. t년에 (가)의 여성 수급자 수(45만 명)는 남성 수급자 수(15만 명)의 3배이다.

ㄹ. 사전 예방적 성격이 강한 제도는 사회 보험인 (나)이고, 사후 처방적 성격이 강한 제도는 공공 부조인 (가)이다. t년에 갑국 인구(2,000만 명) 중 (나)의 수급자(100만 명) 비율은 5%로, t+30년에 갑국 인구(2,000만 명) 중 (가)의 수급자(90만 명) 비율인 4.5%보다 높다.

24671-0031

05 다음 자료에 대한 분석으로 옳은 것은? (단, 갑국의 사회 보장 제도는 우리나라의 사회 보장 제도와 동일함.) [3점]

[2023년 3월 학평 15번]

〈자료 1〉 갑국의 사회 보장 제도 A∼C에 대한 정보

A, B, C는 각각 공공 부조, 사회 보험, 사회 서비스 중 하나이다. '금전적 지원을 원칙으로 하는가?'는 B를 A, C와 구분할 수 있는 질문이며, C는 A와 달리 정부 재정으로 비용을 전액 충당하는 것을 원칙으로 한다.

〈자료 2〉 갑국의 (가), (나) 지역 A∼C 제도 수혜자 비율

(단위: %)

구분	(가) 지역			(나) 지역		
	남성	여성	전체	남성	여성	전체
A	80	60	75	80	60	70
B	47	51	48	48	50	49
C	10	14	11	10	8	9

* (가) 지역과 (나) 지역의 총인구는 동일함.

** 해당 지역 남성(여성) 수혜자 비율(%) = $\dfrac{\text{해당 지역 남성(여성) 수혜자 수}}{\text{해당 지역 남성(여성) 인구}} \times 100$

① 비금전적 지원을 원칙으로 하는 제도의 남성 수혜자 수는 (나) 지역이 (가) 지역보다 많다.

② 상호 부조의 원리가 적용되는 제도의 수혜자 수는 (가) 지역이 (나) 지역보다 적다.

③ 여성의 경우 사회 보험의 수혜자 비율 대비 공공 부조의 수혜자 비율은 (나) 지역이 (가) 지역보다 크다.

④ 강제 가입의 원칙이 적용되는 제도의 경우 여성 수혜자 수 대비 남성 수혜자 수는 (나) 지역이 (가) 지역보다 작다.

⑤ 금전적 지원을 원칙으로 하며 사후 처방적 성격이 강한 제도의 경우 성별 수혜자 수 차이는 (가), (나) 지역이 같다.

정답 해설   A는 사회 보험, B는 사회 서비스, C는 공공 부조이다. 남성 인구와 여성 인구의 비는 (가) 지역이 3 : 1, (나) 지역이 1 : 1 이다. (가) 지역과 (나) 지역의 총인구를 각각 400명이라고 하면, (가), (나) 지역의 A~C 제도 성별 수혜자 수는 다음과 같다.

(단위: 명)

구분	(가) 지역			(나) 지역		
	남성	여성	전체	남성	여성	전체
A	240	60	300	160	120	280
B	141	51	192	96	100	196
C	30	14	44	20	16	36

④ 강제 가입의 원칙이 적용되는 제도인 A의 여성 수혜자 수 대비 남성 수혜자 수는 (가) 지역이 240/60이고, (나) 지역이 160/120이다.

오답 피하기   ① 비금전적 지원을 원칙으로 하는 제도인 B의 남성 수혜자 수는 (나) 지역이 96명, (가) 지역이 141명이다.

② 상호 부조의 원리가 적용되는 제도인 A의 수혜자 수는 (가) 지역이 300명, (나) 지역이 280명이다.

③ 여성의 경우 사회 보험의 수혜자 비율 대비 공공 부조의 수혜자 비율은 C/A로, (가) 지역이 14/60이고, (나) 지역이 8/60(=16/120)이다.

⑤ 금전적 지원을 원칙으로 하며 사후 처방적 성격이 강한 제도인 C의 경우 성별 수혜자 수 차이는 (가) 지역이 16명, (나) 지역이 4명이다.

06 다음 자료에 대한 분석으로 옳은 것은? (단, A, B는 각각 공공 부조, 사회 보험 중 하나임.) [3점] [2023학년도 수능 15번]

> 갑국의 사회 보장 제도는 우리나라의 사회 보장 제도와 동일하다. A는 보편적 복지의 성격이 강하고, B는 선별적 복지의 성격이 강하다. 표는 갑국의 시기별 (가), (나) 지역 인구 중 A, B 수급자 비율을 나타낸 것이다. 갑국은 (가), (나) 지역으로만 구성되며, 전체 인구는 t년에 비해 t+20년이 20% 많다.
>
> (단위: %)
>
> | 구분 | t년 | | | t+20년 | | |
> |---|---|---|---|---|---|---|
> | | (가) 지역 | (나) 지역 | 전체 | (가) 지역 | (나) 지역 | 전체 |
> | A 수급자 | 46 | 36 | 40 | 46 | 52 | 50 |
> | B 수급자 | 30 | 20 | 24 | 30 | 42 | 38 |
> | A와 B 중복 수급자 | 15 | 10 | 12 | 6 | 18 | 14 |

① 상호 부조의 원리가 적용되는 제도의 수급자 수는 t+20년의 (가) 지역이 t년의 (가) 지역보다 20% 많다.

② 수혜자 비용 부담 원칙이 적용되는 제도의 수급자 수는 t+20년의 (가) 지역이 t년의 (나) 지역보다 많다.

③ t년의 (가) 지역에서 정부 재정으로 비용을 전액 충당하는 것을 원칙으로 하는 제도에만 해당하는 수급자 수는 A와 B 중복 수급자 수의 2배이다.

④ t+20년에 사전 예방적 성격보다 사후 처방적 성격이 강한 제도에만 해당하는 수급자 수는 (나) 지역이 (가) 지역의 2배이다.

⑤ t+20년에 A와 B 중복 수급자 수는 (나) 지역이 (가) 지역의 3배이다.

정답 해설　보편적 복지의 성격이 강한 A는 사회 보험이고, 선별적 복지의 성격이 강한 B는 공공 부조이다. t년에 '(가) 지역 수급자 비율−전체 수급자 비율' : '전체 수급자 비율−(나) 지역 수급자 비율'은 3 : 2이다. 따라서 t년에 (나) 지역 인구는 (가) 지역 인구의 1.5배이다. t+20년에 '전체 수급자 비율−(가) 지역 수급자 비율' : '(나) 지역 수급자 비율−전체 수급자 비율'은 2 : 1이다. 따라서 t+20년에 (나) 지역 인구는 (가) 지역 인구의 2배이다. t년 전체 인구를 1,000명이라고 가정하면 제시된 자료는 다음과 같이 나타낼 수 있다.

(단위: 명)

구분	t년			t+20년		
	(가) 지역	(나) 지역	전체	(가) 지역	(나) 지역	전체
인구	400	600	1,000	400	800	1,200
A 수급자	184	216	400	184	416	600
B 수급자	120	120	240	120	336	456
A와 B 중복 수급자	60	60	120	24	144	168

④ 사전 예방적 성격보다 사후 처방적 성격이 강한 제도는 공공 부조인 B이다. t+20년에 B에만 해당하는 수급자 수는 (가) 지역이 96명(=120명−24명), (나) 지역이 192명(=336명−144명)으로, (나) 지역이 (가) 지역의 2배이다.

오답 피하기　① 상호 부조의 원리가 적용되는 제도는 사회 보험인 A이다. A 수급자 수는 t년의 (가) 지역(184명)과 t+20년의 (가) 지역(184명)이 동일하다.

② 수혜자 비용 부담 원칙이 적용되는 제도는 사회 보험인 A이다. A 수급자 수는 t+20년의 (가) 지역(184명)이 t년의 (나) 지역(216명)보다 적다.

③ 정부 재정으로 비용을 전액 충당하는 것을 원칙으로 하는 제도는 공공 부조인 B이다. t년의 (가) 지역에서 B에만 해당하는 수급자 수(60명)와 A와 B의 중복 수급자 수(60명)는 동일하다.

⑤ t+20년에 A와 B의 중복 수급자 수는 (나) 지역(144명)이 (가) 지역(24명)의 6배이다.

07 다음 자료에 대한 분석으로 옳은 것은? [3점]

24671-0033

[2021학년도 수능 15번]

〈자료 1〉 갑국의 사회 보장 제도

(가) 노인 세대의 안정된 노후 생활을 지원하기 위해 65세 이상인 노인 중 가구의 소득 인정액이 선정 기준액 이하인 노인에게 매월 연금을 지급하는 제도
(나) 노령, 사망, 장애 등으로 인한 소득 상실을 보전하고 기본 생활을 지원하기 위해 가입자와 고용주 등이 분담해서 마련한 기금을 통해 연금 급여를 지급하는 제도

〈자료 2〉 갑국의 (가), (나) 제도 수급자 비율

(단위: %)

구분	A 지역	B 지역	C 지역	D 지역	전체
(가)	4	3	7	7	5
(나)	20	10	30	40	24

* 갑국의 사회 보장 제도는 우리나라의 사회 보장 제도와 동일함.
** 갑국은 A~D 네 지역으로만 구성되고, B와 D 지역 인구는 각각 A 지역 인구의 0.5배임.
*** 해당 지역 수급자 비율(%) = $\dfrac{\text{해당 지역 수급자 수}}{\text{해당 지역 인구}} \times 100$

① 사후 처방적 성격이 강한 제도의 경우, D 지역 수급자 수는 A 지역 수급자 수보다 많다.

② 강제 가입의 원칙이 적용되는 제도의 경우, A 지역 수급자 수는 C 지역 수급자 수의 1.5배이다.

③ 상호 부조의 원리가 적용되는 제도의 경우, A와 B 지역 간 수급자 수 차이는 C와 D 지역 간 수급자 수 차이와 동일하다.

④ 선별적 복지 성격이 강한 제도의 갑국 전체 수급자 수는 보편적 복지 성격이 강한 제도의 B 지역 수급자 수의 2.5배이다.

⑤ 공공 부조에 해당하는 제도의 수급자 수 대비 사회 보험에 해당하는 제도의 수급자 수의 비는 C 지역이 B 지역보다 작다.

정답 해설 (가)는 기초 연금으로 공공 부조에 해당하고, (나)는 국민 연금으로 사회 보험에 해당한다. (가)의 경우 B 지역과 D 지역의 수급자 비율의 평균값이 전체 수급자 비율인 5%와 같으므로 B 지역과 D 지역의 인구는 같다. (가)의 경우 A 지역의 수급자 비율은 4%, C 지역의 수급자 비율은 7%, 전체 수급자 비율이 5%이므로 A 지역의 인구는 C 지역 인구의 2배이다. A 지역 인구를 200명이라고 하면, 다음과 같이 나타낼 수 있다.

(단위: 명)

구분	A 지역	B 지역	C 지역	D 지역	전체
인구	200	100	100	100	500
(가)	8	3	7	7	25
(나)	40	10	30	40	120

④ 선별적 복지 성격이 강한 제도는 공공 부조이고, 보편적 복지 성격이 강한 제도는 사회 보험이다. (가)의 갑국 전체 수급자 수는 25명이고, (나)의 B 지역 수급자 수는 10명이다.

오답 피하기 ① 사후 처방적 성격이 강한 제도는 공공 부조이다. (가)의 경우 A 지역 수급자 수는 8명, D 지역 수급자 수는 7명이다.

② 강제 가입의 원칙이 적용되는 제도는 사회 보험이다. (나)의 경우 A 지역 수급자 수는 40명, C 지역 수급자 수는 30으로, 1.5배가 되지 않는다.

③ 상호 부조의 원리가 적용되는 제도는 사회 보험이다. (나)의 경우 A 지역과 B 지역 간 수급자 수 차이는 30명이고, C 지역과 D 지역 간 수급자 수 차이는 10명이다.

⑤ 공공 부조에 해당하는 제도의 수급자 수 대비 사회 보험에 해당하는 제도의 수급자 수의 비는 B 지역이 10/3, C 지역이 30/7으로, C 지역이 B 지역보다 크다.

08 24671-0034

다음 자료에 대한 분석으로 옳은 것은? (단, 갑국의 사회 보장 제도는 우리나라의 사회 보장 제도와 동일하다.) [3점]

[2022학년도 수능 9월 모평 20번]

〈자료 1〉 갑국의 사회 보장 제도

> (가) 수급자에게 건강한 생활을 유지하는 데 필요한 각종 검사 및 치료 등의 급여를 제공하는 제도로, 소득 인정액이 일정 수준 이하인 사람 등을 대상으로 한다.
>
> (나) 실직자에 대한 생계 지원은 물론 재취업 촉진, 실업 예방 및 고용 안정을 위해 근로자와 사업주가 공동 부담하는 기금에서 급여를 지급하는 제도로, 사업장 및 근로자가 대상이 된다.

〈자료 2〉 갑국의 (가), (나) 제도의 지역별 수급자 비율

(단위: %)

구분	A 지역	B 지역	C 지역	전체
(가)	㉠	7	11	8
(나)	14	13	20	14

* 지역별 수급자 비율(%) = $\dfrac{\text{해당 지역 수급자 수}}{\text{해당 지역 인구}} \times 100$

** 갑국은 A~C 지역으로만 구성되고, B 지역 인구는 A 지역 인구의 2배임.

① A 지역에서는 선별적 복지의 성격이 강한 제도의 수급자 수가 보편적 복지의 성격이 강한 제도의 수급자 수보다 많다.

② 대상자 선정에 따른 부정적 낙인이 발생할 수 있는 제도의 경우, 지역별 수급자 수는 C 지역이 가장 적다.

③ 강제 가입의 원칙이 적용되는 제도의 경우, A 지역과 C 지역 수급자 수의 합은 B 지역 수급자 수보다 많다.

④ 정부 재정으로 비용을 전액 충당하는 것을 원칙으로 하는 제도의 경우, A 지역 수급자 비율이 C 지역 수급자 비율보다 높다.

⑤ 사후 처방적 성격이 강한 제도의 B 지역 수급자 수는 상호 부조의 원리가 적용되는 제도의 C 지역 수급자 수보다 적다.

정답 해설 (가)는 의료 급여로 공공 부조에 해당하고, (나)는 고용 보험으로 사회 보험에 해당한다. (나)의 경우 A 지역 수급자 비율과 전체 수급자 비율이 각각 14%로 같으므로 B 지역 인구와 C 지역 인구의 합의 14%가 (나)의 수급자이다. (나)의 경우 B 지역의 수급자 비율이 13%, C 지역의 수급자 비율이 20%, 전체 수급자 비율이 14%이므로 B 지역 인구는 C 지역 인구의 6배이다. 따라서 C 지역 인구가 100명이라면 B 지역 인구는 600명이고, B 지역 인구가 A 지역 인구의 2배이므로 A 지역 인구는 300명이다.

(단위: 명)

구분	A 지역	B 지역	C 지역	전체
인구	300	600	100	1,000
(가)	27	42	11	80
(나)	42	78	20	140

② 대상자 선정 과정에서 부정적 낙인이 발생할 수 있는 제도는 공공 부조이다. (가)의 경우 지역별 수급자 수는 B 지역(42명)이 가장 많고, C 지역(11명)이 가장 적다.

오답 피하기 ① 선별적 복지의 성격이 강한 제도는 공공 부조이고, 보편적 복지의 성격이 강한 제도는 사회 보험이다. A 지역의 경우 (나)의 수급자 수(42명)가 (가)의 수급자 수(27명)보다 많다.

③ 강제 가입의 원칙이 적용되는 제도는 사회 보험이다. (나)의 경우 A 지역과 C 지역 수급자 수의 합(62명)은 B 지역 수급자 수(78명)보다 적다.

④ 정부 재정으로 비용을 전액 충당하는 것을 원칙으로 하는 제도는 공공 부조이다. (가)의 경우 A 지역 수급자 비율(9%)이 C 지역 수급자 비율(11%)보다 낮다.

⑤ 사후 처방적 성격이 강한 제도는 공공 부조이고, 상호 부조의 원리가 적용되는 제도는 사회 보험이다. (가)의 B 지역 수급자 수(42명)는 (나)의 C 지역 수급자 수(20명)보다 많다.

24671-0035

09 다음 자료에 대한 분석으로 옳은 것은? (단, 갑국의 사회 보장 제도는 우리나라의 사회 보장 제도와 동일하다.) [3점]

[2022학년도 수능 15번]

〈자료 1〉 갑국의 사회 보장 제도

(가) 소득 수준이 일정 수준 이하인 노인에게 기초 연금을 지급하여 안정적인 소득 기반을 제공함으로써 노인의 생활 안정을 지원하고 복지를 증진함을 목적으로 하는 제도
(나) 고령이나 노인성 질병 등의 사유로 일상생활을 혼자서 수행하기 어려운 노인 등에게 장기 요양 급여를 제공하여 노후의 건강 증진 및 생활 안정 도모를 목적으로 하는 제도

〈자료 2〉 갑국의 지역별 65세 이상 인구 중 (가), (나) 수급자 비율

(단위: %)

구분	A 지역	B 지역	C 지역	전체
(가) 수급자	45	㉠	60	60
(나) 수급자	㉡	19	19	20
(가)와 (나) 중복 수급자	6	10	4	6

* 갑국은 A~C 지역으로만 구성되고, 65세 이상 인구는 B 지역이 A 지역의 3배임.

① ㉠은 65, ㉡은 23이다.
② 금전적 지원을 원칙으로 하는 제도의 수급자 비율은 C 지역이 B 지역보다 높다.
③ 강제 가입 원칙이 적용되는 제도의 수급자 수는 B 지역이 A 지역의 3배이다.
④ 사전 예방적 성격이 강한 제도의 A 지역 수급자 수는 사후 처방적 성격이 강한 제도의 C 지역 수급자 수보다 많다.
⑤ 선별적 복지 성격이 강한 제도의 수급자 비율은 B 지역이, 보편적 복지 성격이 강한 제도의 수급자 비율은 C 지역이 가장 높다.

Answer

정답 해설 (가)는 기초 연금 제도로 공공 부조에 해당하고, (나)는 노인 장기 요양 보험 제도로 사회 보험에 해당한다. (가) 수급자 비율을 중심으로 A, B 지역의 65세 이상 인구를 판단해 보면, 65세 이상 인구가 B 지역이 A 지역의 3배이므로 B 지역의 (가) 수급자 비율인 ⊙은 65이다. (가)와 (나) 중복 수급자를 중심으로 B, C 지역의 65세 이상 인구를 판단해 보면, 65세 이상 인구는 C 지역이 B 지역의 2배이다. 65세 이상 인구가 A 지역이 100명이라면, B 지역은 300명, C 지역은 600명이 된다. 이에 따라 ⓒ은 29가 된다.

(단위: 명)

구분	A 지역	B 지역	C 지역	전체
(가) 수급자	45	195	360	600
(나) 수급자	29	57	114	200
(가)와 (나) 중복 수급자	6	30	24	60

② 금전적 지원을 원칙으로 하는 제도는 공공 부조와 사회 보험이다. (가)와 (나) 제도의 수급자 비율은 B 지역이 74%(=65%+19%-10%), C 지역이 75%(=60%+19%-4%)이다.

오답 피하기 ① ⊙은 65, ⓒ은 29이다.

③ 강제 가입 원칙이 적용되는 제도는 사회 보험이다. (나)의 수급자 수는 B 지역이 A 지역의 3배가 되지 않는다.

④ 사전 예방적 성격이 강한 제도는 사회 보험이고, 사후 처방적 성격이 강한 제도는 공공 부조이다. (나)의 A 지역 수급자 수는 29명이고, (가)의 C 지역 수급자 수는 360명이다.

⑤ 선별적 복지 성격이 강한 제도는 공공 부조이고, 보편적 복지 성격이 강한 제도는 사회 보험이다. (가)의 경우 수급자 비율은 B 지역(65%)이 가장 높고, (나)의 경우 수급자 비율은 A 지역(29%)이 가장 높다.

24671-0036

10 다음 자료에 대한 분석으로 옳은 것은? (단, 갑국의 사회 보장 제도는 우리나라의 사회 보장 제도와 동일함.) [3점]

[2023학년도 수능 9월 모평 15번]

〈자료 1〉 갑국의 사회 보장 제도

> (가) 고령이나 노인성 질병 등의 사유로 일상생활을 혼자서 수행하기 어려운 노인 등에게 장기 요양 급여를 지급하는 제도
> (나) 소득 인정액이 일정 수준 이하인 노인에게 기초 연금을 지급하여 안정적 소득 기반을 제공하는 제도

〈자료 2〉 갑국의 지역별 65세 이상 인구 중 (가), (나) 수급자 비율

(단위: %)

구분	A 지역	B 지역	전체 지역
(가) 수급자	26	㉠	㉡
(나) 수급자	76	68	70
(가)와 (나) 중복 수급자	㉢	6	10

 * 갑국은 A, B 지역으로만 구성됨.
** 갑국 전체 지역 65세 이상 인구 중 (가)와 (나) 중복 수급자를 제외한 (나) 수급자 비율이 (가)와 (나) 중복 수급자를 제외한 (가) 수급자 비율의 6배임.

① ㉢은 ㉠보다 크고 ㉡보다 작다.

② 금전적 지원을 원칙으로 하는 제도의 수급자에 해당하는 65세 이상 인구는 A 지역이 B 지역의 3배이다.

③ 사전 예방적 성격보다 사후 처방적 성격이 강한 제도의 수급자에만 해당하는 65세 이상 인구는 A 지역이 B 지역보다 많다.

④ 상호 부조의 원리가 적용되는 제도의 수급자에만 해당하는 65세 이상 인구는 B 지역이 A 지역의 3배이다.

⑤ 갑국 전체 지역에서 (가)와 (나) 중복 수급자에 해당하는 65세 이상 인구는 강제 가입을 원칙으로 하는 제도의 수급자에만 해당하는 65세 이상 인구와 동일하다.

정답 해설 (가)는 사회 보험인 노인 장기 요양 보험 제도, (나)는 공공 부조인 기초 연금 제도이다. 갑국 전체 지역 65세 이상 인구 중 (가)와 (나) 중복 수급자를 제외한 (나) 수급자 비율은 60%(=70%−10%)이고, (가)와 (나) 중복 수급자를 제외한 (가) 수급자 비율은 (ⓒ−10)%이다. 따라서 ⓒ은 20이다. (나) 수급자에서 '(A 지역 수급자 비율−전체 지역 수급자 비율) : (전체 지역 수급자 비율−B 지역 수급자 비율)'이 3 : 1이므로 B 지역 인구는 A 지역 인구의 3배이다. 따라서 ⊙은 18, ⓒ은 220이다. A 지역 인구를 100명으로 가정하면, 65세 이상 인구 중 수급자 수는 다음과 같다.

(단위: 명)

구분	A 지역	B 지역	전체 지역
(가) 수급자 수	26	54	80
(나) 수급자 수	76	204	280
(가)와 (나) 중복 수급자 수	22	18	40

⑤ 강제 가입을 원칙으로 하는 제도는 사회 보험인 (가)이다. 갑국 전체 지역에서 (가)와 (나) 중복 수급자에 해당하는 65세 이상 인구와 (가) 수급자에만 해당하는 65세 이상 인구는 40명으로 동일하다.

오답 피하기 ① ⓒ은 ⊙, ⓒ보다 크다.

② 사회 보험과 공공 부조는 모두 금전적 지원을 원칙으로 한다. 따라서 금전적 지원을 원칙으로 하는 제도의 수급자에 해당하는 65세 이상 인구는 A 지역이 80명(=26명+76명−22명), B 지역이 240명(=54명+204명−18명)으로, B 지역이 A 지역의 3배이다.

③ 사전 예방적 성격보다 사후 처방적 성격이 강한 제도는 공공 부조인 (나)이다. (나) 수급자에만 해당하는 65세 이상 인구는 A 지역이 54명(=76명−22명), B 지역이 186명(=204명−18명)으로, B 지역이 A 지역보다 많다.

④ 상호 부조의 원리가 적용되는 제도는 사회 보험인 (가)이다. (가) 수급자에만 해당하는 65세 이상 인구는 A 지역이 4명(=26명−22명)이고, B 지역이 36명(=54명−18명)으로, B 지역이 A 지역의 9배이다.

24671-0037

11 다음 자료에 대한 분석으로 옳은 것은? (단, 갑국의 사회 보장 제도는 우리나라의 사회 보장 제도와 동일하며, 제시된 기간 동안 인구 변동은 없음.) [3점]

[2023년 7월 학평 20번]

〈자료 1〉 갑국의 사회 보장 제도

> A: 소득 인정액이 일정 수준 이하인 65세 이상 노인에게 연금을 지급하여 안정적인 생계 유지를 지원함.
> B: 노동자와 사업주가 공동으로 부담하는 기금에서 실업자의 생계 보장 및 고용 안정을 위해 급여를 제공함.

〈자료 2〉 갑국의 A, B 제도의 수급 지속 비율과 수급 진입 비율

구분	A		B	
	2021년	2022년	2021년	2022년
수급 지속 비율(%)	20	23	60	32
수급 진입 비율(%)	20	8	10	24

* 2020년 갑국의 전체 인구 중 A 제도의 수급자 비율은 10%, B 제도의 수급자 비율은 25%이다.

** 수급 지속 비율(%) = $\dfrac{\text{직전 연도에 이어 혜택을 받는 A(B) 제도 수급자 수}}{\text{직전 연도 A(B) 제도 수급자 수}} \times 100$

*** 수급 진입 비율(%) = $\dfrac{\text{직전 연도와 달리 혜택을 받게 된 A(B) 제도 수급자 수}}{\text{직전 연도 A(B) 제도 비(非)수급자 수}} \times 100$

① B 제도는 A 제도와 달리 소득 재분배 효과가 발생한다.

② 선별적 복지의 성격이 강한 제도의 2021년 수급자 비율은 40%이다.

③ 상호 부조의 원리가 적용되는 제도의 수급자 비율은 2020년부터 2022년까지 매년 상승하였다.

④ 수혜자 비용 부담을 원칙으로 하는 제도의 2021년 수급자 수는 정부 재정으로 비용을 전부 충당하는 것을 원칙으로 하는 제도의 2022년 수급자 수의 2배이다.

⑤ 직전 연도와 달리 해당 연도에 A 제도의 수급자가 된 사람 수는 2021년이 2022년보다 많다.

정답 해설   A 제도는 공공 부조인 기초 연금, B 제도는 사회 보험인 고용 보험에 해당한다. 2020년 갑국의 전체 인구를 1,000명이라고 가정하면, 2020년에 A 제도의 경우 수급자 수는 100명, 비(非)수급자 수는 900명이며, B 제도의 경우 수급자 수는 250명, 비(非)수급자 수는 750명이다. 갑국의 전체 인구를 1,000명이라고 가정하여 제시된 자료를 바탕으로 갑국의 연도별 A, B 제도의 수급자 수를 나타내면 다음과 같다.

(단위: 명)

구분		직전 연도에 이어 혜택을 받는 수급자 수	직전 연도와 달리 혜택을 받게 된 수급자 수	전체 수급자 수	전체 비(非)수급자 수
A	2021년	20	180	200	800
	2022년	46	64	110	890
B	2021년	150	75	225	775
	2022년	72	186	258	742

⑤ 직전 연도와 달리 해당 연도에 A 제도의 수급자가 된 사람 수는 2021년의 경우 180명이고, 2022년의 경우 64명이다. 따라서 직전 연도와 달리 해당 연도에 A 제도의 수급자가 된 사람 수는 2021년이 2022년보다 많다.

오답 피하기   ① A, B 제도 모두 소득 재분배 효과가 발생한다.

② 선별적 복지의 성격이 강한 제도(A)의 2021년 수급자 비율은 20%이다.

③ 상호 부조의 원리가 적용되는 제도(B)의 수급자 비율은 2020년부터 2022년까지 매년 상승하지 않았다.

④ 수혜자 비용 부담을 원칙으로 하는 제도(B)의 2021년 수급자 수는 225명, 정부 재정으로 비용을 전부 충당하는 것을 원칙으로 하는 제도(A)의 2022년 수급자 수는 110명이다.

24671-0038

12 다음 자료에 대한 분석으로 옳은 것은? [3점]

[2024학년도 수능 15번]

갑국의 사회 보장 제도는 우리나라의 사회 보장 제도와 동일하다. A는 상호 부조의 원리가 적용되는 제도이고, B는 정부 재정으로 비용을 전액 충당하는 것을 원칙으로 하는 제도이다. 표는 갑국의 전체 인구 중 A, B 수급자 비율과 시기에 따른 비율 차이를 나타낸 것이다. t년 대비 t+30년에 갑국의 전체 인구는 50% 증가하였다.

〈표 1〉 t년의 수급자 비율

(단위: %)

A 수급자	B 수급자	A와 B의 중복 수급자
40	15	8

〈표 2〉 t년 대비 t+30년의 수급자 비율 차이*

A에만 해당하는 수급자	B에만 해당하는 수급자	A와 B의 중복 수급자
2	-3	8

* 수급자 비율 차이 = t+30년의 수급자 비율 − t년의 수급자 비율

① t년에 전체 인구 중 부정적 낙인이 발생할 수 있는 제도에만 해당하는 수급자 비율은 A와 B의 중복 수급자 비율보다 크다.

② t+30년에 수혜자 비용 부담 원칙이 적용되는 제도의 수급자 수는 t년에 A나 B 어느 것도 받지 않는 비(非)수급자 수보다 많다.

③ t+30년에 강제 가입의 원칙이 적용되는 제도에만 해당하는 수급자 수는 A와 B의 중복 수급자 수보다 적다.

④ t년에 사전 예방적 성격이 강한 제도의 수급자 수는 t+30년에 사후 처방적 성격이 강한 제도의 수급자 수의 2배이다.

⑤ t년 대비 t+30년에 A 수급자 수의 증가율은 B 수급자 수의 증가율보다 크다.

정답 해설   A는 사회 보험, B는 공공 부조이다. 제시된 자료를 바탕으로 t년과 t+30년의 수급자 비율을 나타내면 다음과 같다.

(단위: %)

구분	A(사회 보험) 수급자			B(공공 부조) 수급자		
	A에만 해당하는 수급자	A와 B의 중복 수급자	계	B에만 해당하는 수급자	A와 B의 중복 수급자	계
t년	32	8	40	7	8	15
t+30년	34	16	50	4	16	20

② t+30년에 A의 수급자 비율은 50%이고, t년에 A와 B 어느 것도 받지 않는 비수급자 비율은 53%{=100%−(40%+15%−8%)}이다. 전체 인구는 t+30년이 t년의 1.5배이므로 t+30년에 A 수급자 수는 t년에 A와 B 어느 것도 받지 않는 비수급자 수보다 많다.

오답 피하기   ① t년에 B에만 해당하는 수급자 비율은 7%로, A와 B의 중복 수급자 비율인 8%보다 작다.

③ t+30년에 A에만 해당하는 수급자 수(전체 인구의 34%)는 A와 B의 중복 수급자 수(전체 인구의 16%)보다 많다.

④ t년에 A의 수급자 비율은 40%로, t+30년에 B의 수급자 비율인 20%의 2배이다. 하지만 전체 인구는 t+30년이 t년의 1.5배이므로 t년에 A 수급자 수는 는 t+30년에 B 수급자 수의 2배 미만이다.

⑤ t년의 전체 인구를 100명이라고 하면, t+30년의 전체 인구는 150명이다. t년 대비 t+30년에 A 수급자 수는 40명에서 75명으로 87.5% 증가하고, B 수급자 수는 15명에서 30명으로 100% 증가한다.

13 다음 자료에 대한 옳은 설명만을 〈보기〉에서 고른 것은? [3점]　　　　　　[2024학년도 수능 6월 모평 15번]

갑국은 정부 예산만을 재원으로 경제적 형편이 어려운 노인에게 급여를 지급하는 우리나라의 연금 제도와 같은 ㉠ ○○연금 제도를 도입하고자 한다. 연금 지급액을 놓고 A안과 B안을 검토 중인데, 다음은 ○○연금 제도 시행 전의 상대적 빈곤율과 A안 또는 B안을 시행할 경우 예상되는 상대적 빈곤율을 제시한 표의 일부이다. 제도 시행 전후의 상대적 빈곤율은 현재 시점의 노인 가구를 기준으로 계산한 것이다.

가구 형태	가구 수 (만 가구)	상대적 빈곤율(%)		
		제도 시행 전	제도 시행 후	
			A안	B안
1인 가구	100	50	25	20
부부 가구	200	40	20	15
기타 가구				

* 갑국의 노인 가구는 1인 가구(65세 이상 노인 1명), 부부 가구(65세 이상 노인 2명) 및 기타 가구로 구분됨.

** 상대적 빈곤율은 가구 소득이 정부가 가구 형태별로 결정한 일정 금액 미만인 가구의 비율임.

┤ 보기 ├

ㄱ. ㉠은 상호 부조의 원리를 바탕으로 한다.

ㄴ. ㉠은 사전 예방적 성격보다 사후 처방적 성격이 강하다.

ㄷ. A안 시행 전후의 상대적 빈곤 가구 수 차이는 1인 가구가 부부 가구보다 작다.

ㄹ. 상대적 빈곤에 해당하는 부부 가구 인구는 A안을 시행할 경우가 B안을 시행할 경우보다 10만 명 많다.

① ㄱ, ㄴ　　　② ㄱ, ㄷ　　　③ ㄴ, ㄷ　　　④ ㄴ, ㄹ　　　⑤ ㄷ, ㄹ

ⓘ **Answer**

정답 해설　ㄴ. ㉠은 기초 연금 제도로 공공 부조에 해당한다. 공공 부조는 사전 예방적 성격보다 사후 처방적 성격이 강하다.

　　　　　ㄷ. A안 시행 전후의 상대적 빈곤 가구 수의 차이는 1인 가구가 25만 가구(=50만 가구−25만 가구), 부부 가구가 40만 가구(=80만 가구−40만 가구)로, 1인 가구가 부부 가구보다 작다.

오답 피하기　ㄱ. 상호 부조의 원리를 바탕으로 하는 사회 보장 제도는 사회 보험이다.

　　　　　ㄹ. 상대적 빈곤에 해당하는 부부 가구는 A안을 시행할 경우 40만 가구, B안을 시행할 경우 30만 가구이다. 부부 가구 인구는 2명이므로 상대적 빈곤에 해당하는 부부 가구 인구는 A안을 시행할 경우 80만 명, B안을 시행할 경우 60만 명이다. 따라서 상대적 빈곤에 해당하는 부부 가구 인구는 A안을 시행할 경우가 B안을 시행할 경우보다 20만 명 많다.

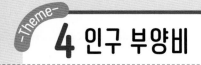

24671-0040

01 표는 갑국의 지역별 총부양비와 노년 부양비를 나타낸 것이다. 이에 대한 설명으로 옳은 것은? (단, 갑국은 A~C 지역만으로 구성되며, A 지역의 인구는 B 지역의 2배이고 B 지역의 인구는 C 지역의 2배이다.) [3점]

[2022년 10월 학평 10번]

구분	A 지역	B 지역	C 지역
총부양비	400	150	150
노년 부양비	50	100	75

* 총부양비 = {(0~14세 인구 + 65세 이상 인구)/15~64세 인구} × 100

** 유소년 부양비 = (0~14세 인구/15~64세 인구) × 100

*** 노년 부양비 = (65세 이상 인구/15~64세 인구) × 100

① 갑국의 총부양비는 300이다.

② 15~64세 인구는 B 지역이 C 지역보다 적다.

③ 유소년 부양비가 가장 낮은 지역은 C 지역이다.

④ 지역별 인구 중 65세 이상 인구가 차지하는 비율은 B 지역이 가장 높다.

⑤ A~C 지역 모두 지역별 인구 중 15~64세 인구가 차지하는 비율이 50%를 넘는다.

Answer

정답 해설   C 지역의 인구를 100명이라고 하면, A~C 지역의 연령대별 인구 구성은 다음과 같이 나타낼 수 있다.

(단위: 명)

구분	A 지역	B 지역	C 지역
유소년 인구(0~14세 인구)	280	40	30
부양 인구(15~64세 인구)	80	80	40
노년 인구(65세 이상 인구)	40	80	30
총인구	400	200	100

④ 지역별 인구 중 65세 이상 인구가 차지하는 비율은 A 지역이 10%, B 지역이 40%, C 지역이 30%이다.

오답 피하기   ① 갑국의 총부양비는 250이다.

② 15~64세 인구는 A 지역이 80명, B 지역이 80명, C 지역이 40명이다.

③ 유소년 부양비는 A 지역이 350, B 지역이 50, C 지역이 75이다.

⑤ A~C 지역 모두 지역별 인구 중 15~64세 인구가 차지하는 비율은 50%가 되지 않는다.

02 24671-0041

다음 자료에 대한 분석으로 옳은 것은? [3점]

[2022년 3월 학평 19번]

> 표는 갑국의 시기별 유소년 부양비와 노년 부양비를 나타낸 것이다. 단, 갑국의 총인구는 지속적으로 증가하였다.
>
> | 구분 | t년 | t+20년 | t+40년 |
> |---|---|---|---|
> | 유소년 부양비 | 30 | 20 | 10 |
> | 노년 부양비 | 20 | 30 | 40 |
>
> * 유소년 부양비 $= \dfrac{\text{유소년 인구(0~14세 인구)}}{\text{부양 인구(15~64세 인구)}} \times 100$
>
> ** 노년 부양비 $= \dfrac{\text{노년 인구(65세 이상 인구)}}{\text{부양 인구(15~64세 인구)}} \times 100$

① 노년 인구는 t+40년이 t년의 2배보다 많다.

② t년의 유소년 인구와 t+20년의 노년 인구는 그 수가 같다.

③ 유소년 인구에 대한 노년 인구의 비는 t년이 t+20년보다 크다.

④ 노년 인구 100명당 부양 인구는 t+40년이 t+20년보다 많다.

⑤ 총인구에서 유소년 인구와 노년 인구의 합이 차지하는 비율은 t년이 t+40년보다 높다.

(í) **Answer**

정답 해설 t년 부양 인구를 100a, t+20년 부양 인구를 100b, t+40년 부양 인구를 100c라고 하면(단, a<b<c), 갑국의 인구 구성은 다음과 같이 나타낼 수 있다.

구분	t년	t+20년	t+40년
유소년 인구(0~14세 인구)	30a	20b	10c
부양 인구(15~64세 인구)	100a	100b	100c
노년 인구(65세 이상 인구)	20a	30b	40c
총인구	150a	150b	150c

① t년 노년 인구는 20a, t+40년 노년 인구는 40c이다. a<c이므로 노년 인구는 t+40년이 t년의 2배보다 많다.

오답 피하기 ② a<b이므로 t년의 유소년 인구보다 t+20년의 노년 인구가 많다.

③ 유소년 인구에 대한 노년 인구의 비는 t년이 2/3이고, t+20년이 3/20이다.

④ 노년 인구 100명당 부양 인구는 t+20년이 10,000/30명이고, t+40년이 10,000/40명이다.

⑤ 총인구에서 유소년 인구와 노년 인구의 합이 차지하는 비율은 t년과 t+40년이 각각 약 33.3%{=(50/150)×100}이다.

24671-0042

03 다음 자료에 대한 분석으로 옳은 것은? [3점] [2023년 3월 학평 20번]

> 표는 갑국의 유소년 인구 비율과 유소년 부양비를 나타낸 것이다. 갑국의 총인구는 t+30년은 t년에 비해 20% 증가하였고, t+60년은 t년에 비해 20% 감소하였다.
>
> | 구분 | t년 | t+30년 | t+60년 |
> |---|---|---|---|
> | 유소년 인구 비율(%) | 30 | 20 | 10 |
> | 유소년 부양비 | 50 | 40 | 25 |
>
> * 유소년 인구 비율(%) = $\dfrac{\text{유소년 인구(0∼14세 인구)}}{\text{총인구}} \times 100$
>
> ** 유소년 부양비 = $\dfrac{\text{유소년 인구(0∼14세 인구)}}{\text{부양 인구(15∼64세 인구)}} \times 100$
>
> *** 노년 부양비 = $\dfrac{\text{노년 인구(65세 이상 인구)}}{\text{부양 인구(15∼64세 인구)}} \times 100$

① 부양 인구는 t년이 t+30년보다 많다.

② 노년 인구는 t+60년이 t년의 5배이다.

③ 노년 부양비는 t+60년이 t+30년보다 작다.

④ t+30년 총인구 중 부양 인구의 비율은 t+60년 총인구 중 노년 인구의 비율과 같다.

⑤ t년 대비 t+30년에 증가한 노년 인구는 t+30년 대비 t+60년에 감소한 유소년 인구보다 작다.

🛈 **Answer**

정답 해설 t년의 총인구를 100명이라고 하면 갑국의 인구 구성은 다음과 같이 나타낼 수 있다.

구분	t년		t+30년		t+60년	
	비율(%)	인구(명)	비율(%)	인구(명)	비율(%)	인구(명)
유소년 인구(0∼14세 인구)	30	30	20	24	10	8
부양 인구(15∼64세 인구)	60	60	50	60	40	32
노년 인구(65세 이상 인구)	10	10	30	36	50	40
총인구	100	100	100	120	100	80

④ t+30년 총인구 중 부양 인구의 비율과 t+60년 총인구 중 노년 인구의 비율은 각각 50%로 같다.

오답 피하기 ① 부양 인구는 t년과 t+30년이 같다.

② 노년 인구는 t+60년이 t년의 4배이다.

③ 노년 부양비는 t+30년이 60{=(36/60)×100}, t+60년이 125{=(40/32)×100}이다.

⑤ t년 대비 t+30년에 증가한 노년 인구는 26명, t+30년 대비 t+60년에 감소한 유소년 인구는 16명이다.

24671-0043

04 다음 자료에 대한 분석으로 옳은 것은? (단, 갑국 전체 인구와 을국 전체 인구는 각각 t년 대비 t+60년에 10% 증가하였다.)

[2022학년도 수능 9월 모평 15번]

구분	갑국		을국	
	t년	t+60년	t년	t+60년
전체 인구 중 65세 이상 인구의 비율(%)	10	20	10	30
0~14세 인구 100명당 65세 이상 인구	50	200	40	300

* 유소년 부양비 $= \dfrac{0{\sim}14세\ 인구}{15{\sim}64세\ 인구} \times 100$

** 노년 부양비 $= \dfrac{65세\ 이상\ 인구}{15{\sim}64세\ 인구} \times 100$

① t년의 노년 부양비는 갑국이 을국보다 크다.

② t+60년의 유소년 부양비는 갑국이 을국보다 크다.

③ t년 대비 t+60년에 갑국의 65세 이상 인구는 2배 증가하였다.

④ t년 대비 t+60년에 갑국과 을국 모두 15~64세 인구는 증가하였다.

⑤ t년 대비 t+60년에 갑국의 0~14세 인구는 증가하였고 을국의 0~14세 인구는 감소하였다.

ⓘ Answer

(단위: %)

정답 해설 ④ 갑국의 15~64세 인구는 t년에 70명에서 t+10년에 77명으로 증가하였고, 을국의 15~64세 인구는 t년에 65명에서 t+10년에 66명으로 증가하였다.

구분	갑국			을국		
	t년	t+60년		t년	t+60년	
유소년 인구 (0~14세 인구)	20	10	11명	25	10	11명
부양 인구 (15~64세 인구)	70	70	77명	65	60	66명
노년 인구 (65세 이상 인구)	10	20	22명	10	30	33명
전체 인구	100	100	110명	100	100	110명

오답 피하기 ① t년의 노년 부양비는 갑국이 약 14{=(10/70)×100}, 을국이 약 15{=(10/65)×100}로, 을국이 갑국보다 크다.

② t+60년의 유소년 부양비는 갑국이 약 14{=(10/70)×100}, 을국이 약 17{=(10/60)×100}로, 을국이 갑국보다 크다.

③ 갑국의 t년 전체 인구를 100명이라고 하면 65세 이상 인구는 t년에 10명, t+60년에 22명이다. 따라서 65세 이상 인구는 t+60년이 t년의 2.2배이다.

⑤ 갑국과 을국의 t년 전체 인구를 각각 100명이라고 하면 갑국의 0~14세 인구는 t년에 20명, t+60년에 11명이고, 을국의 0~14세 인구는 t년에 25명, t+60년에 11명이다. 갑국과 을국 모두 t년 대비 t+60년에 0~14세 인구가 감소하였다.

05 24671-0044 다음 자료에 대한 분석으로 옳은 것은? [3점]

> 표는 갑국의 인구 관련 통계를 나타낸다. 갑국 전체 인구는 t+30년이 t년의 2배이다. 또한 t+30년에 전체 인구 중 0~14세 인구가 차지하는 비율은 t년에 전체 인구 중 15~64세 인구가 차지하는 비율의 1/2이다.
>
> | 구분 | t년 | t+30년 |
> |---|---|---|
> | 총부양비 | 100 | ㉠ |
> | 노령화 지수 | 25 | 140 |
>
> * 총부양비 = [(0~14세 인구 + 65세 이상 인구)/15~64세 인구] × 100
> ** 유소년 부양비 = (0~14세 인구/15~64세 인구) × 100
> *** 노년 부양비 = (65세 이상 인구/15~64세 인구) × 100
> **** 노령화 지수 = (65세 이상 인구/0~14세 인구) × 100

① ㉠은 '125'이다.
② 전체 인구 중 15~64세 인구의 비율은 t년이 t+30년보다 작다.
③ 유소년 부양비는 t+30년이 t년보다 크다.
④ 노년 부양비는 t+30년이 t년의 4배 이상이다.
⑤ t년 대비 t+30년의 0~14세 인구 증가율은 음(−)의 값이다.

(i) **Answer**

정답 해설 t년의 갑국 전체 인구를 100명이라고 가정하고 t년과 t+30년의 연령대별 인구 구성을 나타내면 다음과 같다.

구분	t년		t+30년	
	비율(%)	인구(명)	비율(%)	인구(명)
유소년 인구(0~14세 인구)	40	40	25	50
부양 인구(15~64세 인구)	50	50	40	80
노년 인구(65세 이상 인구)	10	10	35	70
전체	100	100	100	200

④ 노년 부양비는 t년이 (10/50)×100으로 20이고, t+30년은 (70/80)×100으로 87.5이다.

오답 피하기 ① ㉠은 '150'이다.
② 전체 인구 중 15~64세 인구의 비율은 t년이 50%이고, t+30년이 40%이다.
③ 유소년 부양비는 t년이 (40/50)×100으로 80이고, t+30년은 (50/80)×100으로 62.5이다.
⑤ t년 대비 t+30년의 0~14세 인구 증가율은 양(+)의 값이다.

06 다음 자료에 대한 옳은 분석만을 〈보기〉에서 고른 것은? [3점]　　　　[2023학년도 수능 6월 모평 20번]

24671-0045

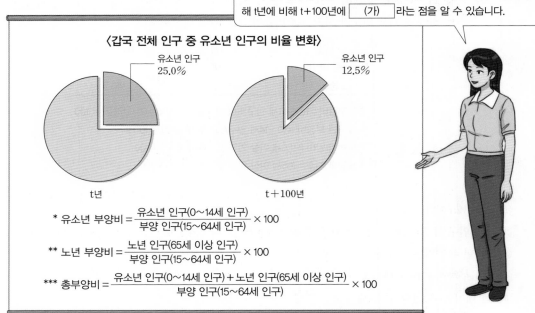

갑국의 부양 인구는 t년에 비해 t+100년에 절반으로 감소했으나, 두 시기의 총부양비는 60으로 동일합니다. 이 사실과 아래 그림을 통해 t년에 비해 t+100년에 　(가)　라는 점을 알 수 있습니다.

〈갑국 전체 인구 중 유소년 인구의 비율 변화〉

유소년 인구 25.0%

유소년 인구 12.5%

t년　　　　　　　t+100년

* 유소년 부양비 $= \dfrac{\text{유소년 인구(0~14세 인구)}}{\text{부양 인구(15~64세 인구)}} \times 100$

** 노년 부양비 $= \dfrac{\text{노년 인구(65세 이상 인구)}}{\text{부양 인구(15~64세 인구)}} \times 100$

*** 총부양비 $= \dfrac{\text{유소년 인구(0~14세 인구)} + \text{노년 인구(65세 이상 인구)}}{\text{부양 인구(15~64세 인구)}} \times 100$

┤ 보기 ├

ㄱ. t년 대비 t+100년에 유소년 인구는 30% 감소하였다.

ㄴ. t년의 노년 인구와 t+100년의 노년 인구는 동일하다.

ㄷ. 유소년 인구와 노년 인구의 합이 전체 인구에서 차지하는 비율은 t년에 비해 t+100년이 높다.

ㄹ. (가)에는 '유소년 부양비는 절반으로 감소하고, 노년 부양비는 2배가 되었다'가 들어갈 수 있다.

① ㄱ, ㄴ　　　　② ㄱ, ㄷ　　　　③ ㄴ, ㄷ　　　　④ ㄴ, ㄹ　　　　⑤ ㄷ, ㄹ

정답 해설 부양 인구가 t년에 비해 t+100년에 절반으로 감소했으나, 두 시기의 총부양비가 같다는 것은 (유소년 인구+노년 인구)는 t년에 비해 t+100년에 절반으로 감소했음을 의미한다. 따라서 총인구는 t년에 비해 t+100년에 절반으로 감소하였다. t년의 총인구를 160명이라고 가정하면 총부양비가 60이므로 부양 인구는 100명이고, 유소년 인구의 비율이 25.0%이므로 유소년 인구는 40명이다. 따라서 노년 인구는 20명이다. t년의 총인구를 160명이라고 가정하면 t+100년의 총인구는 80명이다. t+100년의 총부양비가 60이므로 부양 인구는 50명이고, 유소년 인구의 비율이 12.5%이므로 유소년 인구는 10명이다. 따라서 노년 인구는 20명이다. 이를 나타내면 다음과 같다.

(단위: 명)

구분	t년	t+100년
유소년 인구(0~14세 인구)	40	10
부양 인구(15~64세 인구)	100	50
노년 인구(65세 이상 인구)	20	20
총인구	160	80

ㄴ. t년의 노년 인구(20명)와 t+100년의 노년 인구(20명)는 같다.

ㄹ. 유소년 부양비는 t년이 40{=(40/100)×100}, t+100년이 20{=(10/50)×100}이고, 노년 부양비는 t년이 20{=(20/100)×100}, t+100년이 40{=(20/50)×100}이다. 따라서 해당 내용은 (가)에 들어갈 수 있다.

오답 피하기 ㄱ. t년 대비 t+100년에 유소년 인구는 75%{=(30/40)×100} 감소하였다.

ㄷ. 유소년 인구와 노년 인구가 전체 인구에서 차지하는 비율은 t년과 t+100년이 각각 37.5%{=(3/8)×100}이다.

24671-0046

07 다음 자료에 대한 분석 및 추론으로 옳은 것은? [2023학년도 수능 20번]

> 갑국에서 t년의 전체 인구 중 노년 인구 비율은 20%이고 t+50년의 전체 인구 중 유소년 인구 비율은 28%이다. t년 대비 t+50년에 전체 인구는 25% 증가하였고 유소년 인구는 12.5% 감소하였다. t년 대비 t+50년에 노년 부양비는 150% 증가하였다.
>
> $*$ 유소년 부양비 $= \dfrac{\text{유소년 인구(0~14세 인구)}}{\text{부양 인구(15~64세 인구)}} \times 100$
>
> $**$ 노년 부양비 $= \dfrac{\text{노년 인구(65세 이상 인구)}}{\text{부양 인구(15~64세 인구)}} \times 100$
>
> $***$ 피부양 인구 $=$ 유소년 인구(0~14세 인구) $+$ 노년 인구(65세 이상 인구)

① t년의 유소년 인구와 t+50년의 노년 인구는 동일하다.

② t년 대비 t+50년에 전체 인구 증가율은 피부양 인구 증가율보다 크다.

③ t년 대비 t+50년에 유소년 인구 감소율과 유소년 부양비 감소율은 동일하다.

④ t년보다 t+50년에 전체 인구에서 부양 인구가 차지하는 비율이 크다.

⑤ t년보다 t+50년에 부양 인구 감소로 인해 경제 성장 동력이 약화될 가능성이 높다.

🛈 **Answer**

정답 해설 갑국의 t년 전체 인구를 200명이라고 가정하고 제시된 자료를 바탕으로 갑국의 인구 구성을 나타내면 다음과 같다.

(단위: 명)

구분	t년	t+50년
유소년 인구(0~14세 인구)	80	70
부양 인구(15~64세 인구)	80	80
노년 인구(65세 이상 인구)	40	100
총인구	200	250

③ t년과 t+50년에 부양 인구(80명)는 동일하므로 유소년 인구 감소율과 유소년 부양비 감소율도 동일하다.

오답 피하기 ① t년 유소년 인구(80명)는 t+50년 노년 인구(100명)보다 적다.

② t년 대비 t+50년에 부양 인구 증가율은 0%이므로, 피부양 인구 증가율은 전체 인구 증가율보다 크다.

④ t년 대비 t+50년에 전체 인구는 증가하였고 t년과 t+50년의 부양 인구는 동일하므로, t년보다 t+50년에 전체 인구에서 부양 인구가 차지하는 비율은 작다.

⑤ t년과 t+50년에 부양 인구는 동일하다.

08 다음 자료에 대한 분석으로 옳은 것은?　　　　　　　　　　　　　　　　　　**[2024학년도 수능 6월 모평 20번]**

> 갑국의 t+50년의 총인구는 t년의 2배이고, t+100년의 총인구는 t년의 1.5배이다. 갑국 총인구 중 부양 인구 비율은 t년과 t+50년이 각각 40%, t+100년이 30%이다. t+50년의 노년 부양비는 75로 t년의 3배이고, t+100년의 노령화 지수는 250이다.
>
> * 노령화 지수 = $\dfrac{\text{노년 인구(65세 이상 인구)}}{\text{유소년 인구(0~14세 인구)}} \times 100$
>
> ** 유소년 부양비 = $\dfrac{\text{유소년 인구(0~14세 인구)}}{\text{부양 인구(15~64세 인구)}} \times 100$
>
> *** 노년 부양비 = $\dfrac{\text{노년 인구(65세 이상 인구)}}{\text{부양 인구(15~64세 인구)}} \times 100$
>
> **** 총부양비 = 유소년 부양비 + 노년 부양비

① t+50년의 총부양비는 t년보다 크다.

② t+50년의 노령화 지수는 t년의 5배이다.

③ t+50년의 부양 인구는 t년에 비해 200% 증가하였다.

④ t+100년의 유소년 인구는 t년보다 많고 t+50년보다 적다.

⑤ t년, t+50년, t+100년 중 유소년 부양비는 t+50년이 가장 크고, t+100년이 가장 작다.

Answer

정답 해설　갑국의 t년 총인구를 100명이라고 가정하고 갑국의 t년, t+50년, t+100년의 유소년 인구, 부양 인구, 노년 인구와 각 인구의 비율을 나타내면 다음과 같다.

구분	t년		t+50년		t+100년	
	인구(명)	비율(%)	인구(명)	비율(%)	인구(명)	비율(%)
유소년 인구(0~14세 인구)	50	50	60	30	30	20
부양 인구(15~64세 인구)	40	40	80	40	45	30
노년 인구(65세 이상 인구)	10	10	60	30	75	50
총인구	100	100	200	100	150	100

② 노령화 지수는 t년이 20{=(10/50)×100}, t+50년이 100{=(60/60)×100}으로, t+50년이 t년의 5배이다.

오답 피하기　① 총부양비는 t년{(60/40)×100}과 t+50년{(120/80)×100}이 150으로 같다.

③ t+50년의 부양 인구(80명)는 t년(40명)에 비해 100% 증가하였다.

④ t+100년의 유소년 인구(30명)는 t년(50명)과 t+50년(60명)에 비해 적다.

⑤ 유소년 부양비는 t년이 125{=(50/40)×100}, t+50년이 75{=(60/80)×100}, t+100년이 약 66.7{=(30/45)×100}로, t년이 가장 크고, t+100년이 가장 작다.

09 `24671-0048`

다음 자료에 대한 분석 및 추론으로 옳은 것은?　　　　　　　　　　　　　　[2023학년도 수능 9월 모평 20번]

> 현재(t년) 갑국은 표와 같은 인구 구성을 가지고 있다. 갑국 정부는 향후(t+100년) 발생할 인구 변화를 서로 다른 시나리오로 예측하여 A, B의 결과를 얻었다. t년에 부양 인구(15~64세 인구)는 전체 인구의 절반이며, t+100년에도 부양 인구는 전체 인구의 절반이라고 가정한다.
>
> | 구분 | 현재(t년) | t+100년의 시나리오 예측 결과 | |
> |---|---|---|---|
> | | | A | B |
> | 유소년 인구(0~14세 인구) | 750만 명 | t년 대비 20% 증가 | t년 대비 20% 감소 |
> | 노년 인구(65세 이상 인구) | 250만 명 | t년 대비 20% 증가 | t년 대비 140% 증가 |
>
> $$* \text{유소년 부양비} = \frac{\text{유소년 인구}}{\text{부양 인구}} \times 100 \qquad ** \text{노년 부양비} = \frac{\text{노년 인구}}{\text{부양 인구}} \times 100$$
>
> $$*** \text{총부양비} = \frac{\text{유소년 인구} + \text{노년 인구}}{\text{부양 인구}} \times 100$$

① 노년 부양비는 A가 현재보다 크다.

② 총부양비는 B가 현재보다 크다.

③ 유소년 부양비는 A가 B의 2배이다.

④ 전체 인구에서 노년 인구가 차지하는 비율은 B가 A의 2배이다.

⑤ 저출산·고령화 문제는 B보다 A에서 더 부각된다.

🛈 **Answer**

정답 해설　제시된 자료를 바탕으로 현재(t년)와 t+100년의 시나리오 예측 결과에 따른 연령대별 인구를 나타내면 다음과 같다.

(단위: 만 명)

구분	현재(t년)	t+100년의 시나리오 예측 결과	
		A	B
유소년 인구(0~14세 인구)	750	900	600
부양 인구(15~64세 인구)	1,000	1,200	1,200
노년 인구(65세 이상 인구)	250	300	600
전체 인구	2,000	2,400	2,400

④ 전체 인구에서 노년 인구가 차지하는 비율은 A가 12.5%{=(300/2,400)×100}, B가 25%{=(600/2,400)×100}로, B가 A의 2배이다.

오답 피하기　① 노년 부양비는 현재와 A 모두 25이다.

② 총부양비는 현재와 B 모두 100이다.

③ 유소년 부양비는 A(75)가 B(50)의 1.5배이다.

⑤ A에 비해 B는 전체 인구에서 유소년 인구가 차지하는 비율이 낮고, 전체 인구에서 노년 인구가 차지하는 비율이 높다. 따라서 저출산·고령화 문제는 A보다 B에서 더 부각된다.

10 다음 자료에 대한 분석으로 옳은 것은? [3점]

표는 A 지역의 인구 구성 비율을 나타낸 것이다. 2000년에 비해 2020년 A 지역의 총인구는 20% 증가하였다. A 지역의 노령화 지수는 2000년에 60, 2020년에 125였다. 단, 음영 처리된 부분은 주어진 자료와 단서를 통해 알 수 있다.

(단위: %)

구분	2000년	2020년
0~14세 인구(유소년 인구)		20
15~64세 인구(부양 인구)		
65세 이상 인구(노인 인구)	15	

* 노령화 지수 = (65세 이상 인구/0~14세 인구) × 100
** 유소년 부양비 = (0~14세 인구/15~64세 인구) × 100
*** 노인 부양비 = (65세 이상 인구/15~64세 인구) × 100
**** 총부양비 = {(0~14세 인구 + 65세 이상 인구)/15~64세 인구} × 100

① 2020년에 노인 인구는 유소년 인구의 2배 이상이다.
② 2000년에 비해 2020년의 부양 인구는 감소하였다.
③ 2000년 유소년 부양비와 2020년 노인 부양비는 동일하다.
④ 2000년에 비해 2020년의 노인 인구는 10% 증가하였고, 유소년 인구는 5% 감소하였다.
⑤ 2000년에 비해 2020년의 유소년 부양비는 감소하였고, 노인 부양비와 총부양비는 모두 증가하였다.

Answer

정답 해설 2000년과 2020년 총인구를 100명이라고 하면 오른쪽 표와 같은 인구 구성 비율을 도출할 수 있다. 단, 2000년 대비 2020년에 총인구가 20% 증가하였으므로 총인구 120명을 인구 구성 비율에 따라 나누어 정리할 수 있다.

⑤ 유소년 부양비는 2000년에 약 42{=(25/60)×100}에서 2020년에 약 36{=(20/55)×100}으로 감소하였고, 노인 부양비는 2000년에 25{=(15/60)×100}에서 2020년에 약 46{=(25/55)×100}으로 증가하였으며, 총부양비는 2000년에 약 67{=(40/60)×100}에서 2020년에 약 82{=(45/55)×100}로 증가하였다.

(단위: %)

구분	2000년	2020년	
유소년 인구(0~14세 인구)	25	20	24명
부양 인구(15~64세 인구)	60	55	66명
노년 인구(65세 이상 인구)	15	25	30명
총인구	100	100	120명

오답 피하기 ① 2020년에 노인 인구가 30명이라면 유소년 인구는 24명이므로 노인 인구는 유소년 인구의 1.25배이다.
② 2000년의 총인구를 100명이라고 하면 2020년의 총인구는 120명이다. 따라서 부양 인구는 2000년이 60명이고, 2020년이 66명이다.
③ 2000년에 유소년 부양비는 약 42{=(25/60)×100}이고, 2020년에 노인 부양비는 약 46{=(25/55)×100}이므로 2020년 노인 부양비가 2000년 유소년 부양비보다 크다.
④ 2000년의 총인구를 100명이라고 하면 2020년의 총인구는 120명이다. 유소년 인구는 2000년에 25명에서 2020년에 24명으로 1명 감소하였으므로 유소년 인구는 4%{=(1/25)×100} 감소하였고, 노인 인구는 2000년에 15명에서 2020년에 30명으로 15명 증가하였으므로 노인 인구는 100%{=(15/15)×100} 증가하였다.

11 다음 자료에 대한 분석으로 옳은 것은? [3점]

[2024학년도 수능 9월 모평 20번]

표는 갑국과 을국의 인구 구성 변화를 나타낸 것이다. A~C는 각각 전체 인구에서 유소년 인구, 부양 인구, 노년 인구가 차지하는 비율 중 하나이다. 갑국에서 t년의 유소년 부양비는 50이다. t년 대비 t+50년에 갑국의 유소년 인구는 10% 감소하였고, 을국의 유소년 인구는 20% 감소하였다. 단, t년에 갑국과 을국의 전체 인구는 동일하다.

구분	갑국		을국	
	t년	t+50년	t년	t+50년
$\dfrac{B+C}{A}$	$\dfrac{2}{3}$	1	$\dfrac{7}{13}$	1
$\dfrac{B}{C}$	$\dfrac{1}{3}$	$\dfrac{2}{3}$	$\dfrac{1}{6}$	$\dfrac{2}{3}$

* 유소년 부양비 $= \dfrac{\text{유소년 인구(0~14세 인구)}}{\text{부양 인구(15~64세 인구)}} \times 100$

** 노년 부양비 $= \dfrac{\text{노년 인구(65세 이상 인구)}}{\text{부양 인구(15~64세 인구)}} \times 100$

*** 전체 인구 중 65세 이상 인구가 차지하는 비율이 20% 이상인 사회를 초고령 사회라고 함.

① t년에 노년 부양비는 갑국이 을국의 2배이다.

② t+50년에 유소년 인구는 갑국과 을국이 동일하다.

③ t+50년에 을국은 갑국과 달리 초고령 사회이다.

④ t년에서 t+50년 사이에 을국에서는 갑국과 달리 저출산·고령화 현상이 나타났다.

⑤ t년에 부양 인구는 을국이 갑국보다 많고, t+50년에 부양 인구는 갑국이 을국보다 많다.

118 박봄의 사회·문화 표 분석의 패턴

정답 해설 제시된 자료를 토대로 갑국과 을국의 t년, t+50년의 A~C를 나타내면 다음과 같다.

(단위: %)

구분	갑국		을국	
	t년	t+50년	t년	t+50년
A	60	50	65	50
B	10	20	5	20
C	30	30	30	30

갑국의 경우 t년에 유소년 부양비가 50이므로 A는 전체 인구에서 부양 인구가 차지하는 비율, C는 전체 인구에서 유소년 인구가 차지하는 비율이다. 따라서 B는 전체 인구에서 노년 인구가 차지하는 비율이다. 갑국과 을국 모두 t년과 t+50년에 전체 인구에서 유소년 인구가 차지하는 비율이 30%로 동일한데, t년 대비 t+50년에 갑국의 유소년 인구는 10% 감소하였고, 을국의 유소년 인구는 20% 감소하였으므로 t년 대비 t+50년에 갑국의 전체 인구는 10% 감소하였고, 을국의 전체 인구는 20% 감소하였다. 이를 바탕으로 갑국과 을국의 t년 전체 인구를 각각 100명이라고 하면 다음과 같이 나타낼 수 있다.

(단위: 명)

구분	갑국		을국	
	t년	t+50년	t년	t+50년
유소년 인구(0~14세 인구)	30	27	30	24
부양 인구(15~64세 인구)	60	45	65	40
노년 인구(65세 이상 인구)	10	18	5	16
전체 인구	100	90	100	80

⑤ 부양 인구는 t년의 경우 을국(65명)이 갑국(60명)보다 많고, t+50년의 경우 갑국(45명)이 을국(40명)보다 많다.

오답 피하기 ① t년에 노년 부양비는 갑국이 약 16.7{=(10/60)×100}, 을국이 약 7.7{=(5/65)×100}로, 갑국이 을국의 2배를 넘는다.

② t+50년에 유소년 인구는 갑국(27명)이 을국(24명)보다 많다.

③ t+50년에 갑국과 을국 모두 전체 인구 중 노년 인구(65세 이상 인구)가 차지하는 비율이 각각 20%이므로 t+50년에 갑국과 을국 모두 초고령 사회이다.

④ t년에서 t+50년 사이에 갑국과 을국 모두 유소년 인구는 감소하였고 노년 인구는 증가하였다. 따라서 갑국과 을국 모두에서 저출산·고령화 현상이 나타났다고 볼 수 있다.

MEMO